JN450583

보육실습과
영유아 교육공학

이 광 희 저

남두도서

남두(南斗) : 남두육성(南斗六星)

은하의 중심인 사수자리에 있는 국자모양의 여섯 개의 별로서, 인간의 탄생을 결정하는 별로 알려져 있다.

머리말

보육실습은 예비보육교사가 되고자 준비하는 학생이 어린이집 현장에서 직접 경험하는 것이다. 이는 국가가 발급하는 '보육교사 자격증'을 취득하기 위해 필수적일 뿐 아니라 대학(교) 및 보육교사교육원에서의 이론과 지식을 적용하는 과정이다.

2010년부터 한국보육진흥원은 보육인력의 전문성 제고를 위하여 보육교사 자격 및 그 역량을 강화하며 표준보육실습지도지침을 보육시설과 양성 교육기관에 보내고, 전국의 보육실습 교과목 개설 기관을 대상으로 실습에 관련하여 교육연수를 실행하고 있다. 앞으로 실습기간 동안 영유아들과 함께 하는 예비보육교사들의 경험들이 보육인의 자세를 자신 있게 가다듬게 하고 전문적인 보육교사의 자질 형성에도 중요한 영향을 미칠 것이다.

인터넷의 발전은 세계의 정보와 의사소통을 묶어 문화·경제·생활 전반에 획기적인 변화를 가져오고 있다. 영유아교육 분야에 있어서도 예외는 아니다. 컴퓨터 및 인터넷 활용교육이 중요한 교육과정으로 강조되고 있고, 영유아 대상의 시청각 교수매체를 활용한 프로그램 개발이나 ICT를 활용한 다양한 교육공학적 방법에 많은 시대적 관심이 고조되고 있다.

영유아교육을 실시함에 있어 가장 중요한 것 중의 하나는 유아들에게 제공할 프로그램과 학습활동일 것이다. 영유아교육은 목표, 교사의 역할, 일과 시간 운영, 공간 배열, 시설과 설비 등과 같은 요인이 명확하게 드러나 있는 특성을 가진다. 보육현장의 교육활동에 있어 교사와 아동들이 그들을 둘러싼 교육환경 내에서 교수-학습 과정을 매력적이고, 효과적으로 이룬다는 것은 보육인들의 꿈이며, 사실 당면한 과제일 것이다.

따라서 21세기 정보화의 물결 속에서도 보다 더 건강하고 보람된 보육실습을 연구하고자 저자는 대안들을 모색하고 노력하였다. 즉, 보육교사가 영유아교육을 위한 정보화를 이해하고 다양한 교수법을 활용하기 위한 집필은 필수불가결한 일이라 생각되었다.

이 책에서는 보육실습의 목적, 의의 및 보육실습 기준과 과정 지도, 보육실습 운영, 평가를 단계별로 규명하고, 적용 사례들을 정리하였으며, 예비교사의 행동지침과 예비지식을 제시하였다. 또한 영유아 정보화를 위한 ICT 활용의 환경구축을 위한 노력으로 유아, 교사, 학부모, 행정, 물리적 환경 구축에 대한 연구를 집필하려 애썼다.

보육실습과 정보화 분야를 함께 다루다 보니 약간은 생소하기도 하고 또는 충분히 다루지 못한 부분이 있을 것이나 이 책을 사용하고 연구하는 많은 학생과 선생님들의 지적을 겸허하게 수용할 준비를 하며 차후에 보완하고자 한다.

끝으로 관련과목 수강생들에게는 보육실습의 구체적 목적을 습득하고 시대적으로 요청되어지는 교육공학적 적용과 ICT 활용에 관한 실제적 이해를 넓히는 계기가 되기를 원하며 이 책의 출판을 허락하여 주신 남두도서의 사장님께도 깊은 감사를 드린다.

2011년 10월

저 자 씀

차 례

01

보육실습이란?

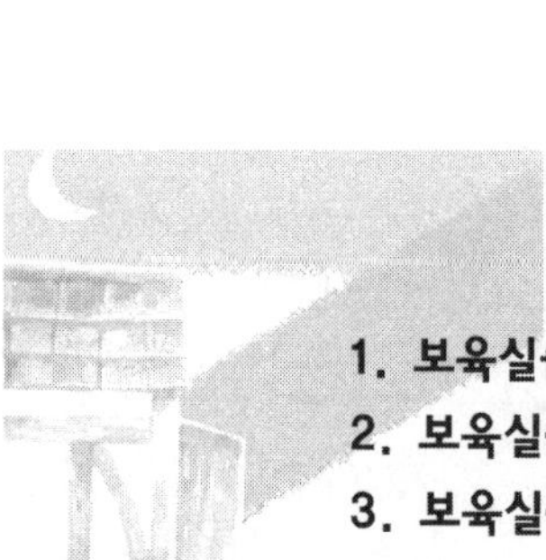

1. 보육실습의 개념 및 목적
2. 보육실습의 의의
3. 보육실습 자격기준

1. 보육실습의 개념 및 목적

보육실습이란 예비보육교사가 되고자 준비하는 학생이 어린이집 현장에서 직접 경험하는 것이다. 국가가 발급하는 '보육교사 자격증'을 취득하기 위해 필수적일 뿐 아니라 대학(교) 및 보육교사교육원에서의 이론 지식을 적용하는 과정인 것이다.

2010년부터 한국보육진흥원이 제안하는 표준보육실습을 위한 목표는 다음과 같이 그 역량을 강화하고 있다(한국보육진흥원, 2010).

- 보육교사로서 보육철학과 보육목표를 발전시킨다.
- 보육교사의 역할과 책임, 태도를 직접 경험한다.
- 영유아에 대한 심화된 이해 및 생활지도를 경험한다.
- 보육교사로서 요구되는 전문적이고 실천적인 지식과 다양한 지도방법을 경험한다.
- 보육실습생 스스로 보육교사로서의 장단점을 파악하고 향후 진로를 탐색한다.
- 보육시설의 지역사회에서 역할, 보육시설 내 조직 문화 등을 이해한다.

2. 보육실습의 의의

새로운 보육현장에서의 인간관계 형성 및 업무, 영유아 지도 및 교사 역할은 신체적, 정신적으로 압박감이나 성공적인 성취감을 얻을 수 있다.

첫째, 이론 중심의 지식을 보육현장에 실제적 적용하여 실천적 지식을 습득할 수 있다.

둘째, 영유아, 보육시설장, 보육교사 및 부모 등 다양한 인간관계를 통한 문제해결 능력을 향상시킬 수 있다.

셋째, 학급운영 및 보육활동계획 실천을 통하여 영유아 개별적 특성을 이해할 수 있다.

넷째, 실제 교사 역할에 대한 이해를 통하여 자신의 교사적 능력과 자질을 평가할 수 있다.

다섯째, 4주간의 보육실습의 성공을 통하여 직업에 대한 자신감과 긍정적 태도를 갖출 수 있다.

3. 보육실습 자격기준

보육교사는 자격증을 소지하여야 하며 전문대학 또는 이와 같은 수준 이상의 학교에서 관련 교육과정을 통하여 무시험 보육교사 자격증을 취득하게 되는데 이는 보육교사 2급 자격을 말한다. 다시 말해서 보육교사 2급 자격의 취득을 위하여 보육관련 교과목 및 해당 학점을 이수하여야 하는데 필수 교과목으로 160시간의 연속적인 보육실습 수행이 필연적이다.

한편 보육교사 2급 자격을 취득한 후 3년 이상의 보육업무 경력이 있는 사람으로 보건복지부 장관이 정하는 승급교육을 받은 사람은 보육교사 1급 자격을 취득할 수 있다.

1) 자격기준

전문대학 또는 이와 같은 수준 이상의 학교에서 보건복지부령으로 정하는 보육관련 교과목 및 학점을 이수하고 졸업한 사람이 보육교사 자격증을 취득할 수 있다(※ 현행법에 의한 석사학위 취득자 포함).

〈표 1-1〉 보육교사 자격기준

	자격기준	제출서류
보육교사 1급	1) 보육교사 2급 자격을 취득한 후 3년 이상의 보육업무 경력이 있는 사람으로서 보건복지부장관이 정하는 승급교육을 받은 사람	① 보육교사 2급 자격증 사본 ② 경력증명서 원본 (보육교사 2급 자격취득 이후 3년 이상의 보육업무) ③ 1급 승급교육 수료증 사본 ④ 사진파일(인터넷 신청 시 사진등록) ⑤ 자격증 발급신청서(인터넷 신청 후 출력)
	2) 보육교사 2급 자격을 취득한 후 보육관련 대학원에서 석사학위를 취득하고 1년 이상의 보육업무 경력이 있는 사람으로서 보건복지부장관이 정하는 승급교육을 받은 사람	① 보육교사 2급 자격증 사본 ② 보육관련 석사학위증명서 원본 ③ 경력증명서 원본(1년 이상의 보육업무 경력) ④ 1급 승급교육 수료증 사본 ⑤ 사진파일(인터넷 신청 시 사진등록) ⑥ 자격증 발급신청서(인터넷 신청 후 출력) ※ 대학원에서 보육교사 2급 자격을 취득한 경우에는 3년 이상의 보육업무경력 및 1급 승급교육을 이수해야 보육교사 1급 자격에 해당함. ※ 보육관련 대학원이라 함은 ① 학과(전공) 및 학위명에 '보육, (영)유아, 아동'의 단어가 포함된 경우 또는 ② ①의 경우가 해당되지 않을 경우 보육관련 교과목 이수기준으로 보육관련 대학원으로 인정함(보육관련 교과목 최소 4과목 이상, 12학점 이상 이수 여부를 확인하여 인정)
보육교사 2급	1) 전문대학 또는 이와 같은 수준 이상의 학교에서 보건복지부령으로 정하는 보육관련 교과목 및 학점을 이수하고 졸업한 사람 ※ 현행법에 의한 석사학위 취득자 포함	① 대학(또는 동등이상 학교) 졸업증명서 원본 ② 대학(또는 동등이상 학교) 성적증명서 원본 ③ 보육실습확인서 원본 ④ 보육실습기관 인가증 사본 (07년 이후 실습이수자에 한함) ⑤ 보육실습 지도교사 1급 자격증 사본 (07년 이후 실습이수자에 한함) ⑥ 사진파일(인터넷 신청 시 사진등록) ⑦ 자격증 발급신청서(인터넷 신청 후 출력) ※ 「학점인정 등에 관한 법률」의 규정에 따라 보육관련 교과목 및 학점을 이수한 경우, 「학점인정 등에 관한 법률」에 의해 학점을 인정받고 학위를 취득한 이후 보육교사자격증을 신청할 수 있음.
	2) 보육교사 3급 자격을 취득한 후 1년 이상의 보육업무 경력이 있는 사람으로서 보건복지부장관이 정하는 승급교육을 받은 사람	① 보육교사 3급 자격증 사본 ② 경력증명서 원본 (보육교사 3급 자격취득 후 1년 이상의 보육업무) ③ 2급 승급교육 수료증 사본 ④ 사진파일(인터넷 신청 시 사진등록) ⑤ 자격증 발급신청서(인터넷 신청 후 출력)
보육교사 3급	고등학교 또는 이와 같은 수준 이상의 학교를 졸업한 사람으로서 보건복지부령으로 정하는 교육훈련시설에서 정해진 교육과정을 수료한 사람	① 최종학교 졸업증명서 원본 ② 교육훈련시설 수료증 사본 ③ 보육실습확인서 원본 - 보육실습기관 인가증 사본 - 보육실습 지도교사 자격증 사본 ④ 교육훈련시설 성적증명서 ⑤ 사진파일(인터넷 신청 시 사진등록) ⑥ 자격증 발급신청서(인터넷 신청 후 출력)

2) 제출서류

① 대학(또는 동등이상 학교) 졸업증명서 원본
② 대학(또는 동등이상 학교) 성적증명서 원본
③ 보육실습확인서 원본
④ 보육실습기관 인가증 사본(2007년 이후 실습이수자에 한함)
⑤ 보육실습 지도교사 1급 자격증 사본(2007년 이후 실습이수자에 한함)
⑥ 사진 파일(인터넷 신청 시 사진등록)
⑦ 자격증 발급신청서(인터넷 신청 후 출력)
※「학점인정 등에 관한 법률」의 규정에 따라 보육관련 교과목 및 학점을 이수한 경우,「학점인정 등에 관한 법률」에 의해 학점을 인정받고 학위를 취득한 이후 보육교사자격증을 신청할 수 있음.

3) 보육실습 세부기준

보육실습은 1과목 2학점이며 '보육실습' 교과목 이수를 성적증명서를 통해 확인 가능해야 한다. 이때 유사교과목에 대한 인정범위는 '보육현장실습' 과 '교육실습'으로 제한되어 있다. 실습 후 평가점수가 80점(B학점) 이상인 경우에만 실습이수로 인정된다.

영유아보육법에 의한 보육실습 세부기준을 보면 실습 지도교사의 보육교사 1급/유치원정교사 1급 자격 소지 여부, 보육실습확인서에 실습 지도교사 국가자격증번호 기재 등 실습생이 마련하고 준비해야 하는 서류가 복잡하다.

2007년도 이후 보육정책 강화와 보육인력의 전문화를 위하여 보육실습이수자는 더욱 까다로운 서류 절차를 거쳐야 하는데 '실습기관 시설 인가증 사본' 및 '실습 지도교사 자격증 사본' 각 1부를 첨부해야 하며 보육실습 확인서의 해당 내용은 보육인력 국가자격증 홈페이지(http://chrd.childcare.go.kr) 관련 서식을 참고하여 빠짐없이 모두 기재해야 한다.

다음은 영유아보육법에 의한 보육실습 세부기준이다.

〈표 1-2〉 영유아보육법에 의한 보육실습 세부기준

	영유아보육법 시행규칙 제12조1항 관련 [별표4]	2010 보육사업안내 세부기준	유의사항
교과목	보육실습	·'보육실습' 교과목 이수를 성적증명서를 통해 확인 가능해야 함 ·유사교과목 인정범위 : 보육현장실습, 교육실습	예) '사회복지현장실습' 교과목으로 보육실습 이수한 경우 ⇒ **불인정**
이수 학점	1과목 (2학점)	2학점 이상, 평가점수 80점(B학점) 이상인 경우 실습이수 인정	성적증명서를 통해 보육실습 교과목 평가점수(80점, B학점 이상) 및 2학점 이상 이수 여부 확인 가능해야 함
실습 기관	보육시설 및 종일제 유치원	**정원 15인 이상**인 어린이집 또는 종일제 유치원(교육청에 종일제 유치원으로 등록되어야 함)	·보육정원 15인 미만인 보육시설에서의 실습 인정 불가 ·국·공립 외의 보육시설은 인가증 상에 보육정원이 기재되어야 함 ·국·공립 보육시설은 인가증 내신 위탁계약시로 대체 가능 ·병설유치원에서 실습한 경우 실습당시 종일제 여부 및 보육정원을 확인할 수 있는 학교장 발행 공문을 첨부해야 함 ·실습당시의 인가증 사본을 제출해야 함 ·해당 기관의 고유번호증, 납세번호증 인정 불가
실습 기간	4주 160시간 (야간대학 등의 경우 2회 분할 가능	**·연속 4주, 160시간 이상 실시하여야 하며 1일 8시간 이수**	·연속하여(월요일부터 금 또는 토요일까지) 4주, 160시간 이상, 1일 8시간 이상(모든 조건 동시충족)
		·2회 분할실습은 야간대학, 원격대학, 한국방송통신대학에 한함	
		·실습교과목이 개설된 학기에 보육실습 실시	·보육실습 교과목이 개설된 학기에 실시하여야 함(전후 방학 포함) ·공휴일이 2일 이상 포함된 경우 해당 기간을 보완할 수 있도록 추가 실습을 이수해야 함
실습 지도 교사	**보육교사 1급 또는 유치원 정교사 1급 자격을 가진 사람**		·보육교사 1급 승급교육을 이수하였더라도 보육교사 1급 국가 자격 요건이 충족되지 않을 수 있으므로 필히 보육교사 1급 자격 소지 여부를 확인해야 함 ·유치원 2급 정교사로부터의 실습지도 불인정 ·지도교사의 유치원 원장, 원감 자격증 사본 제출 불인정 ·보육실습확인서에 실습지도교사 국가자격증번호 기재 요망 ·실습지도교사가 2인 이상인 경우 지도교사 자격증 사본을 모두 제출해야 함
보육 실습 확인서		보육실습확인서를 통해 보육실습 내용의 적절성을 증명(보육실습확인서는 **원본**으로 제출해야 함)	**·07년도 이후 보육실습이수자는 '실습기관 시설 인가증 사본' 및 '실습지도교사 자격증 사본' 각 1부를 첨부해야 함** **·보육실습확인서의 해당 내용은 빠짐없이 모두 기재해야 함** ·보육실습확인서 양식은 보육인력 국가자격증 홈페이지(http://chrd.childcare.go.kr) 관련서식 참고

02

보육실습의 준비 및 과정

1. 실습준비기간
2. 파견실습기간
3. 추후실습기간

1. 실습준비기간

보육실습은 실습준비기간, 실습기간, 추후 실습기간으로 나누어진다(박낭자 외 8인, 2006; 이선경 & 이은정, 2008; 문혁준, 백혜리, 김정희, 김민희, 2008). 그 중 실습기간은 보육실습에서 가장 중요하고 핵심이 되는 기간으로, 예비교사가 보육현장에서 직접 아동들과 접촉하면서 실제 경험을 쌓는 과정이다. 보통 사전방문, 본 실습으로 이루어진다.

사전방문은 실습기관 선정 후 본 실습 전에 어린이집을 방문하여 원장님과 선생님에게 인사를 드리는 것으로, 어린이집에 대한 자료수집 및 관찰을 하며 보육현장을 경험한다.

보육실습은 정해진 기간 동안 어린이집에 정식 직원과 같이 출퇴근하면서 지도교사의 지도 아래 보육교사로서 직무 수행을 전체적으로 경험해 보는 과정이다.

보육실습의 법적 기준을 보면 보육정원 15인 이상의 법적으로 인가받은 어린이집 또는 종일제 유치원(교육청에 종일제 유치원으로 등록되어야 함)에서 해야 한다(한국보육진흥원, 2010). 따라서 보육실습을 나가기 위해서는 일련의 행정적 절차에 따라 계획을 세우고 실행해야 한다.

대학은 실습 협력기관을 선정해서 협력 요청 및 수락을 받아야 하고, 예비교사를 배정하여 공고하며 각 협력기관에 이를 통지한 후에 예비교사를 직접 파견하여 일정기간 실습을 의뢰하게 된다. 실습을 의뢰받은 기관에서는 예비교사를 지도할 교사를 배정하고 실습계획에 따라 실습을 수행하고, 대학 제출용 실습 결과보고서를 작성하여야 한다.

대학에서는 소속 교수들이 실습기관 순회 지도를 나가며 시설장과 지도교사, 예비교사를 면담하고, 현장에서의 실습 상황을 점검한다. 실습생인 예비교사는 실습일지를 기록하여 실습기관의 검사를 받은 후 대학에 제출한다.

1) 기관 배정신청

실습 신청하는 학생들 중 특별한 사유로 특정 시설에서의 실습을 원하는 학생들은 개인적으로 실습 가능 여부를 확인하고, 실습 요청이 가능하다면 그 기관에 배정해 줄 것을 실습기관 배정신청서를 작성하여 학과에 제출한다.

2) 실습 협력기관 요청 및 수락

대학은 실습 학기가 되면 부속 보육시설, 어린이집, 유치원 등의 실습 협력기관을 선정하고 연고지인 실습기관까지 포함하여 실습 협력을 공식적으로 요청한다. 이 요청을 받은 보육시설은 형편을 고려하여 실습 가능 여부를 알리고, 수락할 경우에는 대학에 공식적으로 회신을 보낸다.

3) 실습시기 및 방법 결정

대학에서 실습시기를 정할 때는 학교의 교육과정, 보육기관, 현장의 상황, 실습생의 요구 등 여러 가지 요인을 고려하여 결정한다. 대학에서는 실습과 관련된 교과목을 충분히 지도한 후 그 상황에 맞게 시기를 협의하여야 한다.

실습 이수시기는 '보육실습' 교과목이 개설된 학기(계절학기 포함, 전후방학 포함)에 해야 한다. 예기치 않게 많은 실습생이 한꺼번에 실습을 해야 하는 경우가 생길 수 있는데 한 지역 내의 많은 대학에서 같은 시기에 실습생을 실습기관에 보낼 수도 있기 때문에 실습시기를 조정하는 협의가 있어야 한다.

가능한 한 일상적인 보육이 이루어지는 3~6월, 9~11월이 바람직하며, 대체적으로 4월, 5월, 10월, 11월 중 4주간(160시간)을 택하여 연속으로 월요일~금요일 또는 토요일까지 실시한다. 1일 8시간 동안 하는 것이 원칙이다. 이때 유념할 점은 특정 요일이나 주말실습 그리고 주 1회 보육실습 등은 160시간 이상이라도 이수한 것으로 인정되지 않는다.

단, 야간대학(교), 한국방송통신대학교, 원격대학(교)의 경우에 한해 2회로 나누어 실시할 수 있다.

대학에서는 보육관련 교과목을 8과목 이상 이수한 후 '보육실습' 교과목이 개설되도록 교육과정을 운영하여야 하며 보육교사교육원의 경우 교육훈련 과목 중 12과목을 수강한 후 보육실습 교과목을 수강하도록 지도한다.

보육실습을 위하여 대학에서 준비해야 하는 사항은 다음과 같다(한국보육진흥원, 2010).

- 보육실습에 관한 연간계획서를 작성한다.
- 보육실습 관련 안내서와 자료를 작성하고 배부한다.
- 실습생들의 실태를 파악하고 자료를 수집한다.
- 실습생에 대한 사전지도, 기간 중 지도, 사후지도 내용을 검토한다.
- 실습기관을 선정하고 위촉한다.
- 실습기관의 원장 및 지도교사와 실습에 대한 사전협의를 한다.
- 실습생에게 사전지도를 한다.

4) 실습 보육기관 선정

효과적인 실습을 위해서 실습 보육기관의 선정은 매우 중요한데, 그 지역 내 실습 보육기관의 교육방침, 운영상황, 환경, 교직원, 지도교사의 경력과 자질 등의 정보를 잘 파악하여 고려해야 한다. 일반적으로 대학에서는 다음과 같은 점을 유의하며 실습 협력기관을 선정하여야 한다.

- 보육실습기관의 평가인증 여부, 보육정원
- 보육실습 지도교사의 자격소지 여부
- 보육실습기관의 주소 파악 및 실습학생의 집과의 거리

보육시설에 실습생을 의뢰하는 시기는 실습을 앞두고 충분한 시간적 여유를 두고 준비해야 한다. 실습 희망 학생들은 보육실습신청서를 제출할 때 자신의 거주지역과 희망하는 보육시설의 유형 등을 고려하여 실습지로 결정하는데 실습생의 주소와 기관과의 거리가 주로 실습의 효율성을 좌우한다.

보육실습이 성공적으로 되기 위해서 기관 선정기준은 다음과 같다(한국보육진흥원, 2010).

- 실습기관 위치, 거리, 교통
- 실습기관의 규모
- 실습기관의 철학 및 보육 프로그램
- 지도교사의 경력 및 실습지도 경험
- 실습생 지도 의지

5) 배정조정 및 서류준비

실습기관에 예비교사를 배정할 때 한곳에 집중되지 않게 적절히 인원을 조정한다.

일반적으로 보육시설은 비교적 소규모이므로 한 시설에 같은 출신의 예비교사가 두세 명이 넘지 않도록 배정하는 것이 통례이며 한곳에 여러 명이 배정되면 학생들 간에 다양한 실습 경험을 나누는 기회가 부족해지므로 두세 명 정도가 적당하다. 그리고 개인적 특성에 따라 상호보완적 역할을 할 수 있는 사람끼리 함께 배정하면 서로에게 도움이 된다.

대학 및 보육교사교육원은 실습 전 다음의 서류를 준비한다(표 2-1~표 2-5 참조).

- 보육실습 신청서
- 보육실습 협조공문
- 보육실습 동의서
- 보육실습생 신상카드
- 보육실습생 서약서
- 보육실습생 상해보험(권장사항)

〈표 2-1〉 보육실습 신청서 예시

보육실습 신청서

학 생 정 보			
성　명		학과/ 학번	/
보육실습 기간	년　월　일 ~ 년　월　일(연속 4주 160시간 이상)		
주　소	우편번호)		
개인 연락처		집/ (직장)	집 : 직장 :
이메일			

보육실습 기관정보			
보육실습 기관명	(정원 :　명)	보육시설장	
보육실습 기관유형	① 국공립보육 (　) ② 법인보육 (　) ③ 직장보육 (　) ④ 가정보육 (　) ⑤ 부모협동 (　) ⑥ 민간보육 (　) ⑦ 종일제 유치원 (　)		
평가인증 여부	① 예 (　)　② 아니요 (　)		
기관주소	우편번호)		
전화번호		Fax	
보육실습 지도교사	이름 :		보육교사 1급 (　) 유치원정교사 1급 (　) ※ 해당 자격에 '0' 표 하세요.

〈표 2-2〉 **보육실습 협조공문 예시**

000 대학교 00학과(00보육교사교육원)

수신자 000 어린이집 보육시설장 (보육실습 지도 담당자)
(경유)
제 목 보육실습생 의뢰의 건

---

1. 귀 기관의 무궁한 발전을 기원합니다.

2. 000대학 000학과 학생들이 귀 기관에서 보육실습을 희망하고 있습니다.
이에 보육실습생을 의뢰하오니 보육실습에 대한 협조를 부탁드립니다.
가. 보육실습 기간 : 20 년 00월 00일 ~ 20 년 00월 00일까지(160시간 이상)
나. 보육실습생 : 보육실습생 명단 참조

3. 보육실습생 명단

연번	성명	학번	주소	연락처	비고
1					

4. 보육실습 의뢰확인서 등 회신 협조
가. 보육실습 동의서(직인 또는 서명 요망), 시설인가증 사본, 보육실습 지도를 담당할 교사의 보육교사 1급자격증 사본을 20 . 0. 0. (요일)까지 회신 부탁드립니다.

별첨 : 보육실습 동의서 1부. 끝.

000 대학교 000학과장(00보육교사교육원장) 직인생략

기안자 000 학과장 000(보육교사교육원장 000)
협조자
시행 보육 - (20 . 00. 00) 접수 - (. .)
우 000-000 00시 00구 00동 00번지 000대학교 / www.000.ac
전화 (00)000-0000 전송 (00)000-0000 / 00000@.oo.oo/ 공 개

〈표 2-3〉 보육실습 동의서 예시

보육실습 동의서

<table>
<tr><td colspan="6">학 생 정 보</td></tr>
<tr><td>성 명</td><td></td><td>학과</td><td></td><td>학번</td><td></td></tr>
<tr><td>보육실습 기간</td><td colspan="5">20 년 월 일 ~ 20 년 월 일
(연속 4주 160시간 이상)</td></tr>
<tr><td>주 소</td><td colspan="5">우편번호)</td></tr>
<tr><td>개인 연락처</td><td colspan="2"></td><td>이메일</td><td colspan="2"></td></tr>
<tr><td colspan="6"></td></tr>
<tr><td colspan="6">보육실습 기관정보</td></tr>
<tr><td>보육실습 기관명</td><td colspan="2">(정원 : 명)</td><td>보육시설장</td><td colspan="2"></td></tr>
<tr><td>기관주소</td><td colspan="5">우편번호)</td></tr>
<tr><td>전화번호</td><td colspan="2"></td><td>팩스</td><td colspan="2"></td></tr>
<tr><td>보육실습 지도교사</td><td colspan="5"></td></tr>
</table>

위 학생이 본 기관에서 보육실습 하는 것에 동의합니다.

20 년 월 일

보육실습 기관 : (서명 또는 인)

〈표 2-4〉 **보육실습생 신상카드 예시**

보육실습생 신상카드

<table>
<tr><td rowspan="2">성 명</td><td>한 글</td><td colspan="4">(남, 여)</td><td colspan="2" rowspan="4">(사 진)</td></tr>
<tr><td>한 자</td><td colspan="4"></td></tr>
<tr><td>주민등록번호</td><td colspan="5"></td></tr>
<tr><td>소속 대학(교)
(보육교사교육원)</td><td colspan="5"></td></tr>
<tr><td>집 주 소</td><td colspan="7"></td></tr>
<tr><td rowspan="3">학 력</td><td colspan="7"></td></tr>
<tr><td colspan="7"></td></tr>
<tr><td colspan="7"></td></tr>
<tr><td rowspan="7">가 족 사 항</td><td>성 명</td><td>연 령</td><td>관계</td><td colspan="3">주 소</td><td>비고</td></tr>
<tr><td></td><td></td><td></td><td colspan="3"></td><td></td></tr>
<tr><td></td><td></td><td></td><td colspan="3"></td><td></td></tr>
<tr><td></td><td></td><td></td><td colspan="3"></td><td></td></tr>
<tr><td></td><td></td><td></td><td colspan="3"></td><td></td></tr>
<tr><td></td><td></td><td></td><td colspan="3"></td><td></td></tr>
<tr><td></td><td></td><td></td><td colspan="3"></td><td></td></tr>
<tr><td>보육관련
이수 교과목</td><td colspan="7"></td></tr>
<tr><td>취 미</td><td colspan="3"></td><td>특 기</td><td colspan="3"></td></tr>
<tr><td colspan="4">보육관련 경험(예: 캠프교사, 종교시설 내 유치부 활동 등)</td><td colspan="4"></td></tr>
<tr><td colspan="8">위의 사항이 틀림없음을 확인합니다.

년 월 일

본인 서명 (인)

보육시설장 귀 하</td></tr>
</table>

〈표 2-5〉 보육실습생 서약서 예시

보육실습생 서약서

대학　　　　학과(학부)　학년
(보육교사교육원)

상기 본인은 귀 어린이집의 보육실습생으로서
보육실습의 목적과 중요성을 충분히 이해하고
어린이집의 제반 규정을 성실히 순수하여 보육능력 향상에
최선을 다할 것을 서약합니다.

년　월　일

보육실습생:　　　　　(인)

0 0 0 어 린 이 집 보육시설장 귀 하

6) 배정명단 통지

예비교사 배정계획을 완료하면 실습자명, 실습기간, 연락처 등을 명기하여 학과장의 명의로 해당 실습기관에 실습 의뢰서를 보내 승인을 받는다. 그 후 실습에 필요한 모든 서류를 준비하여 공문을 보낸다. 공문과 각종 서류는 최소한 실습생이 예비 방문하기 1주일 전에 도착해야 한다. 준비해야 할 서류들은 다음과 같다.

- 보육실습 협조공문
- 보육실습 지도비 영수증(실습지도비×학생수)
- 보육실습생 평가서
- 보육실습 결과보고서
- 보육실습 지도계획

대학에서는 실습생의 사전지도(오리엔테이션)를 통해 실습의 목적, 내용, 실습일지 작성 및 실습방법을 설명하여야 한다. 특히 실습생의 역할 및 과제, 자세와 태도를 강조하여야 사전방문과 준비를 철저히 하여 보육실습을 성공적으로 이끌 수 있다. 이와 같이 사전지도를 통해 실습생들이 간과하기 쉬운 점이나 지켜야 할 사항들을 다시 한 번 강조하면 실습생들이 가질 수 있는 심리적인 불안을 감소시킬 수 있다.

7) 예비교사 파견

예비교사는 본 실습 이전에 실습배정을 받은 기관을 방문하여 실습 시에 미리 준비해야 할 사항들을 문의한다. 실습기간 중 실시될 연간·월간·주간 교육계획안, 근무 규칙 등 사전 참고자료를 요청할 수 있다. 예정된 실습기간이 되면 실습기관으로 출근하게 된다.

실습에 대한 불안을 떨치고 빠른 적응을 위하여 미리 정규실습 전에 관찰(참관)의 목적으로 사전실습을 수행할 수 있으며, 이는 따로 1~2주간의 사전실습을 계획하여야 하며 실습기관의 형편에 따라 사전실습의 여부가 결정된다. 사전실습기관과 동일한 실습지에서 정규실습을 하는 것이 실습생에게 친숙하며 정규실습에 대하여 적응도 빠르다.

8) 지도교사 배정

실습 협력기관에서는 예비교사가 출근하면 그 예비교사를 실습기간 동안 지속적으로 전담하고 지도해 줄 지도교사를 배정해 준다. 지도교사는 일반적으로 유능한 경력교사를 배정한다.

실습 지도교사는 보육교사 1급 또는 유치원정교사 1급 자격을 가진 자가 지도해야 한다(한국보육진흥원, 2010).

9) 지도교수 역할

지도교수는 실습의 계획단계부터 사전지도, 운영, 실습기관 방문지도, 평가, 사후관리까지 총체적으로 책임을 지며 실습을 지도한다. 특히 실습기관 방문을 통해 지도교사에게 실습생에 대한 정보를 제공하고, 지도교사는 실습생의 실습상황을 지도교수에게 알려주어 서로 협력할 수 있다.

또한 실습생의 실습현황과 지도교사와의 갈등 등을 관찰하여 실습이 잘 진행될 수 있도록 조정하고 돕는 역할을 한다. 이러한 사항은 실습 이후 전개되는 종합평가와 추후지도에 유용한 자료가 된다. 실습기관을 방문지도할 때 고려해야 할 사항들은 다음과 같다(이선경 & 이은정, 2008).

- 방문 일정을 계획하고 사전에 실습기관에 연락하여 약속 날짜를 정한다.
- 실습지를 방문했을 때 실습생의 실습활동을 관찰한다.
- 실습지를 방문했을 때 실습생의 어려움과 불편한 점을 듣는다.
- 지도교사에게 실습생의 실습현황과 지도상의 문제를 듣는다.
- 실습기관의 협조 정도와 보육시설의 환경 등을 고려하여 평가한 뒤 적절한 수준의 기관일 경우 내년에도 실습을 할 수 있도록 협조를 요청한다.

2. 파견실습기간

1) 사전방문

사전방문이란 정규실습이 시작되기 직전에 실습할 기관을 방문하여 현장의 정황을 파악하고 실습에 필요한 자료를 수집하며 필요한 준비물을 사전에 준비하는 기간이다. 사전방문 인사를 할 때는 미리 전화로 방문 의사를 밝히고 허락을 받은 후 실습 3~4일 전에 방문하도록 일시를 약속받는다.

보육실습생은 기관의 보육철학, 프로그램 운영 방침, 기관의 현황, 실습할 학급의 특성, 실습기간 동안 기관의 행사 일정뿐 아니라 실습생 준비물, 실습생으로서의 역할과 자세, 윤리 규정에 대하여 파악하도록 한다. 기본적인 준비물은 다음과 같으며 그 외 준비물은 기관의 규정에 따르도록 한다(한국보육진흥원, 2010).

- 보건소의 전염성질환에 대한 건강진단결과서(구 보건증)
- 보육실습생 신상카드
- 보육실습생 서약서
- 이름표
- 보육실습비
- 보육실습일지 및 필기도구
- 앞치마, 실내화 또는 덧신, 실외놀이용 신발(필요시)

근무시간은 실습기관의 출근·퇴근 시간 규정을 따르며 무단결근, 지각, 외출 및 조퇴를 금한다. 부득이한 경우는 결근 허락을 받은 후 결근 일수만큼 다른 날짜에 보육실습을 하여 보육실습 일수를 맞추도록 하여야 한다. 따라서 출근부 작성과 날인은 매우 중요하며 퇴근 시 지도교사와 시설장에게 허락을 받고 퇴근할 수 있다.

복장과 용모는 청결하고 단정해야 하며 안전과 위생을 위해 긴 머리는 단정히 묶는다. 또한 실내에서는 실내화나 양말을 꼭 신도록 하며 실외에서 굽 높은 신발을 착용하지 말아야 한다. 특히 영유아를 안을 때 이름표가 문제되지 않도록 보육활동 중에는 조심하거나 영아반의 경우 착용하지 않도록 한다.

2) 실습기관에서의 역할

(1) 원장의 역할

실습기관의 원장은 영유아들의 인격 존중뿐 아니라 교직원에 대하여 열린 생각과 수용적인 분위기를 만들어 주는 리더십을 지녀야 한다. 실습기관 의뢰를 수락한 후 보육실습의 전반적인 계획을 수립하여 실습생의 특징을 잘 파악하고 거기에는 알맞은 지도교사를 선정해 주는 것이다. 그리고 계속 실습생을 관찰하면서 전체적인 평가를 해주어야 한다.

(2) 지도교사의 역할

실습지도교사는 실습생의 모델이며 실습을 잘 진행할 수 있도록 계획을 세우고, 실습생을 관찰하고, 지도하고, 도움을 주고, 평가하는 역할을 담당한다. 지도교사가 어떤 교육철학을 가지고 있는지, 교수방법이나 기술, 태도가 바람직한지에 따라서 실습생의 경험이 달라진다(문혁준, 백혜리, 김정희, 김민희, 2008).

따라서 지도교사는 전문가로서의 확고한 지위를 가져야 하며 보육이론과 실제를 연결할 수 있는 능력과 더불어 교직에 대한 전문 지식을 가지고 있어야 한다. 지도교사는 평소처럼 담당하는 반에 대해서도 책임을 지는 동시에 실습생의 보육실습도 책임을 지기 때문에 훨씬 바쁘고 스트레스를 받게 될 수 있다.

그러나 보육의 질을 높이기 위해서 후배 전문보육교사 양성을 담당한다는 점에서 자부심과 책임감을 가지고 지도하게 된다. 실습지도교사는 보육교사의 업무를 안내하고, 지도하고, 평가하는 역할을 담당하며 그 구체적인 역할은 다음과 같다.

- 실습생의 배경을 파악하고 따뜻하게 편안한 마음으로 맞이한다. 실습생에게 필요한 학급 실태 교육과정에 대해 충분히 이해시켜 실습에 어려움이 없도록 한다.
- 실습에 대한 구체적인 지침과 실습생이 다양한 경험을 할 수 있도록 계획을 세운다.
- 실습생이 작성한 활동계획안을 사전에 검토하고 수정하며 필요한 제안을 해준다.
- 실습생에게 교사로서 갖추어야 할 능력, 태도, 대인관계 기술 등의 시범을 보인다.
- 수업에 필요한 자료와 정보를 주고 바람직한 수업모델과 피드백을 제공하여 교수활동에 대한 전문적으로 지원해 준다.
- 실습생이 주교사가 되어 일과를 진행할 때에 적절한 도움을 주고 보조역할을 해준다.
- 실습의 과정 및 내용, 기대되는 실습생의 역할 및 과제에 대한 평가기준을 작성하여 지도한다.
- 실습생들의 행동을 관찰하여 기록, 정리, 평가하고 지도한다.
- 처음 맞는 실습에 대해 적성에 대한 불안과 업무 수행의 어려움을 느낄 때 정서적으로 안정시키고 든든한 지원을 해주며 실습생의 상담자가 되어 준다.

(3) 실습생의 역할

보육실습생은 다음의 사항들을 준수하여 실습을 무사히 끝낼 수 있도록 노력하여야 한다.

- 실습생은 실습 어린이집 규정에 따라 생활한다.
- 실습생은 언행, 태도, 복장 등 모범이 될 수 있도록 한다.
- 실습생은 정시에 출근하고 출근부에 날인한다.
- 실습생은 결근, 조퇴를 금하며 부득이한 경우 실습 어린이집 원장 및 지도교사의 허락을 받는다.
- 실습생은 근무시간 중 외출을 금한다.

- 실습생은 영유아 또는 학부모와 원 외에서 사사로이 만나서는 안 된다.
- 실습생은 실습기간 중 실습에만 전념하도록 한다.
- 실습생은 단독으로 영유아를 처벌하거나 상을 주지 않는다.
- 실습생은 어린이집의 정상적인 교육활동을 방해해서는 안 된다.
- 실습생은 실습일지를 그날그날 기록하며 지도교사에게 제출 후 되돌려 받는다.
- 실습 어린이집의 교육목적과 교육방침을 이해하고 적극적으로 참여 협력하여야 한다.
- 실습이 끝나면 차관실습일지, 출근부 등을 지체 없이 학과사무실에 제출한다.
- 실습생은 어린이집 발전과 영유아교육에 헌신해야 한다.
- 실습생은 실습에 최선을 다하고 교사로서의 품위를 손상함이 없어야 한다.
- 모든 서류는 기일 엄수하여 제출하여야 한다.

3) 정규실습

(1) 관찰단계

정규실습에 들어가면 먼저 관찰단계부터 시작된다. 예비교사는 업무일정, 보육일정, 시설의 배치, 구성원 파악, 아동 행동관찰 등 시설 전체에 관한 안내를 받게 되고 직접 개입보다는 참관자로서 역할을 수행한다.

보통은 첫 일주일을 전 실습기간의 관찰(참관)단계로 정해 주지만 기관의 형편과 지도 방침에 따라 많은 차이가 있다. 어떤 곳은 관찰단계의 특별한 기간 설정 없이 곧바로 관찰 및 참여단계로 들어가는 수도 있다. 예비교사들은 어떤 경우라도 그 기관의 형편을 빠르게 이해하고 적응하여야 한다. 이 첫 일주일 동안에 예비교사는 자기반 아동들의 이름과 특성을 파악하는 데 주력하는 것이 좋다.

예비교사들은 첫 일주일 동안의 관찰단계를 매우 긴장되고 어색해하며 긴 시간이라고 공통적으로 느끼는 경향이 있다. 관찰의 주된 내용은 연령에 따른

환경구성의 특성, 하루 일과의 진행, 영유아 발달특성, 담임교사의 역할 및 영유아와의 상호작용을 포함한다. 보조교사 역할 수행과 보육실습일지 작성, 매일의 자기평가, 보육활동계획안 작성, 보육실 정리정돈 등에 대한 지도와 조언을 받는 것이 필요하다.

(2) 참여단계

초기 며칠 또는 일주일 정도의 관찰단계가 끝나면 직접 보육활동에 개입하여 특정한 역할을 수행하는 참여단계가 시작된다. 이때는 참관자로서의 입장이 아니라 실행하는 주체로서 적극적이고 능동적으로 보육활동 전반에 걸쳐 다양한 활동을 전개하는 단계이다(문혁준, 백혜리, 김정희, 김민희, 2008).

예를 들면 등·하원 자유놀이, 이야기 나누기, 작업, 간식, 급식, 바깥놀이(산책), 화장실 다녀오기, 낮잠, 특별활동, 청소 등에서 부분지도 또는 전담지도의 역할을 수행하게 된다. 보육활동에 대한 보육실습은 하루 일과 중의 특정 시간이나 특정 활동 담당에서 시작하여 반나절 또는 등원에서 귀가까지 하루 일과를 보육실습생이 책임지고 수행하는 방식으로 진행된다.

일부 보육시설에서는 이 시기에 부분수업 실습이 시작되기도 한다. 이 시기의 예비교사는 초기 관찰단계와는 달리 익숙하게 실습생활에 적응하고 활동적이고 흥미롭게 실습에 참여하며 자신감을 키울 수 있다.

(3) 실제수업단계

이 시기는 실습의 말기 또는 3~4주에 해당하며 아동들과 친밀한 관계를 형성하고 실습기관의 사정에도 두루 밝아지며 업무도 익숙해져서 주도적으로 종일수업을 할 수 있는 역량이 생기는 때이다. 부분수업과 더불어 종일 수업을 각각 1회 이상 하고 수업에 대한 평가를 받게 된다.

예비교사가 실습 협력기관에 나가서 실습을 하는 동안 대학의 교수들은 그 기관을 방문하여 학생을 격려하며 현장의 요구사항과 진행과정을 점검하여 실습이 원활히 진행되도록 지원한다.

(4) 실습평가단계

• **결과보고서 회수**

결과보고서는 두 가지가 있는데 하나는 실습기관에서 실습 나온 예비교사들의 실습 상황들을 기록한 결과보고서로 인비로 처리하여 대학에 직접 접수하는데 예비교사들의 자기평가 결과보고서는 실습 종료 후에 대학에 제출한다.

• **실습일지 회수**

실습일지는 예비교사가 매일 기록하여 협력기관에서 검사를 받은 후에 실습 종료 후 대학에 제출한다. 일반적으로 대학은 실습일지를 회수하여 실습 상황을 점검하고 이를 실습 점수에 반영하거나 또는 실습 관련 자료로 활용하는 절차를 거친 후에 본인에게 반환한다.

• **실습평가회**

실습이 종료되면 여러 실습 협력기관의 시설장 및 지도교사를 초청하여 실습 평가회를 개최한다. 실습 협력기관으로부터 실습 관련 조언을 듣기도 하고 실습을 다녀온 예비교사들이 경험담을 발표하며 바람직한 실습이 되도록 토의한다.

3. 추후실습기간

추후실습은 정규실습이 종료된 후에도 실습한 기관을 방문하거나 지속적인 관계를 유지하면서 보조교사 혹은 자원봉사자로서 적절한 역할을 수행하며 교사로서의 자질을 더욱 성숙시켜 가는 과정이다. 이때에는 비정기적으로 일하며 중요한 행사가 있을 때 도우미 역할을 하기도 하고, 정기적으로 일정한 역할을 담당하여 준직원 같은 위치가 되기도 한다(박낭자 외 8인, 2006; 이선경 & 이은정, 2008).

추후실습은 보육교사로 취업하는 것에 대한 본인의 적성을 확고하게 할 뿐 아니라 졸업 후 정규교사 취업으로 연결되는 경우가 많으므로 예비 보육교사들은 적극적으로 참가하는 것이 바람직하다.

03

보육실습 운영

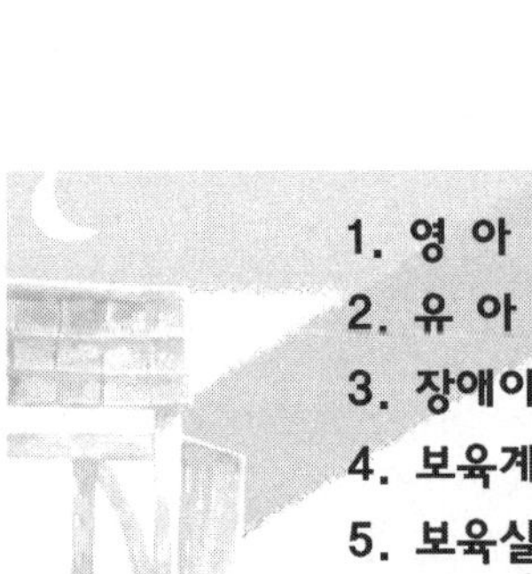

1. 영 아 반
2. 유 아 반
3. 장애아 통합유아반
4. 보육계획안
5. 보육실습일지

1. 영 아 반

영아기는 신뢰감이 형성되고 양육자와 애착이 형성되는 시기이므로 영아들이 갖는 발달적 특성과 욕구가 반영되는 프로그램으로 운영되어야 한다. 영아는 이 시기에 부모와 떨어져 있게 되므로 심리적 안정감을 느낄 수 있도록 보호해 주는 것이 가장 중요하다. 또한 영아의 요구나 민감한 개별적 특성과 욕구에 반응해 주어야 한다.

영아는 독립적 욕구도 강한 반면 의존적 성향도 강한 시기이므로 이에 유의해야 한다. 이들은 끊임없이 움직이며 강한 호기심과 탐색 욕구를 보인다. 따라서 교사는 이러한 영아의 발달 특성을 이해하고 건강하게 성장할 수 있도록 도와주는 조력자와 안내자의 역할을 수행해야 한다.

두세 살의 영아를 위한 일과 활동을 계획하고 진행할 때 다음과 같은 원리를 고려하는 것이 필요하다(이화여자대학교 교육과학연구소 아동교육연구부 편, 2006).

첫째, 일상적인 생활, 일과 관리를 위한 시간, 자유 선택 활동시간, 교사 주도 활동, 짧은 시간의 소집단 활동, 정리정돈, 간식시간, 낮잠, 실외놀이 등이 다양하게 포함되어야 한다.

둘째, 매일 유사한 일과를 계획하고 운영하는 것이 바람직하지만 융통성과 변화를 주어야 한다. 또한 몇 가지 일과 활동은 특별한 시간대에 진행되어야 한다(간식, 점심식사, 화장실가기, 낮잠, 휴식 취하기).

셋째, 일과를 계획할 때 집단의 욕구와 흥미를 고려하되 개별 영아의 개별성에 대한 고려와 개별 영아의 자유를 허용할 수 있도록 시간대와 활동이 조직되어야 한다.

넷째, 새로운 집단이 형성되는 연초에는 가능한 한 간단하게 활동을 계획하고 점차 활동을 추가시킨다.

다섯째, 두세 살 영아를 위해서는 주로 개별 활동을 하되, 몇 가지 대소집단 활동을 시도할 수 있다.

여섯째, 동적 활동과 정적 활동, 구조적 활동과 비구조적 활동, 대소집단 및 개별 활동, 실내와 실외활동 등 보육활동 유형별로 균형을 이루어야 한다. 특히 동적 활동과 정적 활동은 시간대를 번갈아 교대로 제시한다.

1) 3~12개월 보육일정의 예

시간	주요일과	활동계획
7:30~9:30	등원	· 영아를 맞이하고 부모와 대화
	개별 활동 잠자기	· 영아가 좋아하는 장난감으로 놀이 · 피곤한 영아는 개별로 잠자기
	기저귀 갈기 정리정돈	· 기저귀를 갈고 배변 상태를 기록 · 배변 기저귀 갈기 및 교사 손 씻기
9:30~10:00	오전 수유 및 간식	· 개인별 이유 및 수유, 간식은 월령별로 선택
10:00~11:20	오전 낮잠 기저귀 갈기	· 낮잠 및 휴식
11:20~12:00	산책	· 영아들과 어린이집 주변 탐색, 날씨좋은 날은 나들이
12:00~13:00	점심(이유식, 죽, 밥)	· 턱받이를 하고, 월령에 맞추어 점심 먹기
13:00~14:00	오후 개별 활동	· 발등 밟고 걷기, 종이 찍기, 끼적거리기 · 종이 구기기, 장난감 탐색 등
14:00~16:00	낮잠준비 및 낮잠	· 기저귀 상태 확인 후 기저귀 갈기 · 일어나면 기저귀 확인
16:00~17:00	간식 및 오후 수유	· 개인별 이유 및 수유, 간식은 월령별로 선택
17:00~18:00	귀가준비	· 귀가준비 및 소지품 정리, 부모님께 전달사항 · 보호자가 오는 순서대로 귀가 · 자유롭게 놀이
18:00~19:30	정리정돈	· 실내 정리정돈 · 장난감, 침구 소독

2) 13~24개월 보육일정의 예

시간	주요일과	활동계획
7:30~9:00	등원 및 건강 관찰	· 교사와 인사 · 부모님과 인사하며 헤어지기 · 여아의 건강 상태를 살피고 관찰
9:00~10:00	자유놀이	· 대·소근육 활동 · 탐색활동 · 사회·정서 활동
10:00~10:30	오전 간식 정리정돈 및 대소변 가리기	· 손 씻기 · 간식을 스스로 먹기 · 배변하기
10:30~11:30	산책 및 실외놀이	· 땅바닥에서 왔다갔다 걸어 보기
11:30~12:30	점심	· 손 씻기 · 숟가락을 사용하여 스스로 먹기 · 뒷정리(자신의 점심 그릇을 갖다 둠)
12:30~15:30	화장실 가기 및 낮잠	· 대변하기 · 낮잠 및 휴식
15:30~16:00	정리정돈 및 화장실 가기 오후 간식	· 낮잠에서 기분 좋게 깨기 · 영아용 변기를 사용하거나 화장실 다녀오기 · 손 씻기 · 간식 스스로 먹기
16:00~17:30	오후 자유놀이	· 언어활동 : 그림책 보기 – 모두들 잘자요 · 창의적 활동 : 산토끼 노래 들으며 딸랑이 흔들어 보기 · 신체적 활동
17:30~19:30	휴식, 귀가준비 및 귀가	· 휴식 및 장난감 치우기 · 귀가준비 및 인사

3) 25~36개월 보육일정의 예

시간	주요일과	활동계획
7:30~9:00	등원 및 건강 관찰 자유놀이	· 영아를 따뜻하게 맞이하고, 영아의 심신 상태를 점검 · 개별로 집 쌓기, 인형놀이, 책보기, 퍼즐 맞추기 등 놀이
9:00~9:15	대소변 가리기, 손 씻기	· 스스로 손 씻기 · 배변하기
9:15~10:30	오전 간식	· 간식준비와 뒤처리를 영아 스스로 하도록 격려 · 감사하는 마음으로 제자리에서 먹기
	오전 실내 자유놀이 산책	· 대·소근육 활동 · 언어활동 : 동화 · 탐색·학습 활동

시간	주요일과	활동계획
10:30~11:30	대그룹 활동	· 이야기 나누기, 동화듣기, 율동, 새 노래, 작업 등
11:30~12:30	점심준비 및 점심	· 손 씻기 · 숟가락을 사용하여 스스로 먹기 · 뒷정리(자신의 점심 그릇을 갖다 둠)
12:30~13:00	이 닦기 대소변 가리기	· 점심 후 스스로 이 닦기 · 대소변 가린 후 손 씻기
13:00~15:00	낮잠 및 휴식	· 자장가 들으며 잠자기
15:00~15:30	정리정돈 및 대소변 가리기	· 정리정돈 돕기 · 대소변 가린 후 손 씻기
15:30~17:00	오후 간식 실내 자유놀이	· 감사하는 마음으로 예의 바르게 먹기 · 탐색·학습 활동 · 대·소근육 활동
17:00~18:00	오후 실외 자유놀이	· 실외 미끄럼 타기, 바깥놀이
18:00~19:30	귀가준비 및 귀가	· 자기 물건 챙기기 · 선생님과 인사하기 및 귀가

2. 유 아 반

유아를 위한 일과의 운영은 유아들이 따뜻한 보호와 교육적 경험이 동시에 이루어질 수 있도록 풍부한 환경을 제공하여 교사와 유아, 유아와 유아, 유아와 교구 간의 다양한 상호작용이 이루어지도록 계획한다. 하루의 활동은 정적인 활동과 동적인 활동, 개인 활동과 소집단 활동, 실내놀이와 실외놀이의 균형이 고려되어야 한다(이숙재, 2004).

만 3~5세의 유아를 위한 유아기 보육 프로그램은 우리나라의 표준보육과정, 유치원 교육과정 그리고 공통 누리과정 내용을 기초로 하여 일과 운영에서 보육의 특성을 반영하는 것이 바람직하다.

유아기 중 3세는 일상생활에서 자조 능력을 숙달하는 시기이다. 호기심과 동기 유발이 되어 주변 환경을 탐색하고 자발적인 움직임이 많아진다. 이러한 탐색 욕구와 독특한 개성과 욕구를 존중하여 줄 때 유아는 자신을 가치 있는 존재로 인식하고 스스로 독립적이 된다. 교사는 이러한 시기에 온화하고 수용적인 상호작용자로서 유아를 대하여 유아가 편안하고 안정된 가운데 자신의 능력을 키워 나가게 하여야 한다.

4~5세가 되면 유아는 타인과 긴 대화가 가능하고 사회성이 급속히 발달하게 된다. 인지적으로는 과학적·수학적 원리를 배우는 능력이 향상되고, 또래와 조작적 놀이가 가능해진다. 호기심이 더 많아지고 적극적이며 주도적으로 행동하려 한다. 교사는 이러한 발달을 이해하고 유아의 능동성, 주도성, 호기심 등을 격려하고 조력함으로써 유아가 스스로 능력을 계발할 수 있도록 도와준다.

1) 4세 보육일정의 예

시간	주요일과	활동계획
7:30~9:50	등원 및 자유놀이	· 등원하는 유아를 반갑게 맞이하기 · 영역별 활동(조작, 수, 과학, 작업, 역할, 놀이, 언어 등) · 휴식이 필요한 유아는 조용한 곳에서 휴식
9:50~10:00	정리 및 화장실 다녀오기	· 질서 지키며, 화장실 다녀오기
10:00~10:20	오전 간식	· 감사하는 마음으로 예의 바르게 먹기
10:20~11:00	산책	· 질서를 지켜 다녀오기, 안전사고 주의
11:00~12:00	대집단 활동 1 대집단 활동 2	· 이야기 나누기, 동화, 음률, 작업, 신체활동, 요리활동, 과학활동 등
12:00~13:00	점심식사	· 올바른 식습관 형성 · 감사하는 마음으로 예의 바르게 먹기
13:00~14:00	영역별 자유활동	· 영역별 활동(조작, 수, 과학, 작업, 역할, 놀이 등)
14:00~16:30	낮잠 및 휴식	· 자장가 들으며 잠자기 · 휴식 취하기
16:30~17:00	오후 간식	· 감사하는 마음으로 골고루 먹기
17:00~18:00	하루 평가 및 귀가	· 부모님이 오시는 순으로 개별 귀가 · 영역별 자유놀이
18:00~19:30	정리정돈	· 교실 정리정돈 · 침구, 장난감 정리

2) 5세 보육일정의 예

시간	주요일과	활동계획
7:30~9:50	등원 및 자유놀이	· 등원하는 유아를 반갑게 맞이하기 · 영역별 활동(조작, 수, 과학, 작업, 역할, 놀이 등) · 휴식이 필요한 유아는 조용한 곳에서 휴식
9:50~10:00	정리 및 화장실 다녀오기	· 질서 지키며 화장실 다녀오기
10:00~10:20	오전 간식	· 감사하는 마음으로 예의 바르게 먹기
10:20~10:45	산책	· 자연의 변화 관찰하기 · 질서를 지켜 다녀오기, 안전사고 주의
11:00~12:30	대집단 활동 1 대집단 활동 2	· 이야기 나누기, 동화·동시 듣기, 음률, 작업, 신체표현 · 요리활동, 과학활동, 미술활동 등
12:30~13:30	점심식사 및 정리	· 올바른 식습관 형성 · 감사하는 마음으로 예의 바르게 먹기
13:30~14:30	유희실	· 놀이시설을 이용한 활동
14:30~15:30	집단활동	· CD-i, VTR 등을 이용한 학습지도
15:30~16:30	오후 간식 및 자유놀이	· 감사하는 마음으로 골고루 먹기 · 영역별 활동
16:30~17:00	하루 평가	· 하루의 활동 평가 및 내일 계획하기
17:00~18:00	귀가 및 자유놀이	· 부모님이 오시는 순으로 개별 귀가 · 영역별 자유놀이
18:00~19:30	정리정돈	· 교실 정리정돈 · 침구, 장난감 정리

3. 장애아 통합유아반

시간	주요일과	활동계획
7:30~9:50	등원 및 자유놀이	· 등원하는 유아를 반갑게 맞이하기 · 영역별 활동(조작, 수, 과학, 작업, 역할, 놀이 등) · 휴식이 필요한 유아는 조용한 곳에서 휴식
9:50~10:00	정리 및 화장실 다녀오기	· 자기 차례를 기다리며 화장실 다녀오기 · 장난감 보관 위치를 기억하여 제자리에 넣기
10:00~10:20	오전 간식	· 간식 그릇을 가지고 자기 자리 찾아가기 · 바르게 앉아 먹기
10:20~10:45	산책	· 자기 옷을 스스로 찾기 · 자연의 변화 관찰하기 · 질서를 지켜 다녀오기 · 위험물을 피하며 안전에 유의하기
11:00~12:30	대집단 활동 1 대집단 활동 2	· 이야기 나누기, 동화·동시 듣기, 음률, 작업, 신체표현 · 요리활동, 과학활동, 미술활동 등 · 수정된 계획 범위 안에서 활동에 관심을 갖고 참여하기
12:30~13:30	점심식사 및 정리	· 모든 식사를 스스로 끝마치기 · 식판과 몸의 거리를 적당하게 유지하며 바른 자세로 식사하기
13:30~14:30	유희실	· 위험물이 다가왔을 때 피하기 · 놀이시설을 안전하게 사용하기
14:30~15:30	집단활동	· 활동 중에는 이탈 없이 자기 자리 지키기 · 학습활동에 관심 갖고 쳐다보기
15:30~16:30	오후 간식 및 자유놀이	· 주어진 음식은 편식하지 않고 골고루 먹기 · 영역별 활동
16:30~17:00	하루 평가	· 하루의 활동 평가 및 내일 계획하기
17:00~18:00	귀가 및 자유놀이	· 부모님이 오시는 순으로 개별 귀가 · 자기 옷을 찾아오기, 가방 정리하기 · 영역별 자유놀이
18:00~19:30	정리정돈	· 교실 정리정돈 · 장난감 위치를 기억하여 제자리에 넣기

4. 보육계획안

보육계획은 보육실습 지도교사가 생활주제의 전개, 소주제와 보육활동 간의 적합성, 발달단계의 특성, 주간계획안과 아동의 흥미, 행사 및 학급 상황을 고려하여 실습생이 작성할 수 있도록 지도한다. 보육활동에 대한 계획은 표준보육과정에 기초하여 통합적 전개가 되도록 하며 목표는 단순 명료하며 영유아가 수행 가능하도록 진술하여야 한다.

행동적 목표는 "~숫자를 순서대로 배열한다"와 같이 진술하며, 표현적 목표는 "~숫자를 보고 생각나는 것을 그린다"로 진술할 수 있다. 이때 동사의 형태는 "~한다. 또는 ~할 수 있다"로 진술한다.

보육활동계획안은 단위 보육활동계획안과 반나절(오전, 오후) 보육활동계획안과 종일보육을 위한 일일 보육활동계획안으로 구분하여 작성한다. 단위 보육활동이란 도입 – 전개 – 마무리의 구조로 진행되는 하나의 보육활동으로 활동목표, 활동자료, 활동방법, 확장활동, 주의사항 등이 포함되어야 한다(한국보육진흥원, 2010).

1) 주간계획안

월간보육계획안에 제시된 주별 보육활동을 바탕으로 주간보육계획안을 작성한다. 일반적으로 한 주 동안 한 개의 주제를 중심으로 활동이 진행되지만 유아의 흥미와 요구에 따라 한 주제가 다음 주로 연장되기도 한다. 계획안을 처음 작성한 후 그대로 진행하는 것이 아니라 상황에 따라 수정하거나 보완해야 한다.

주간계획안의 경우 보육기관에 시행하는 프로그램의 성격에 따라 작성하는 형식이 달라질 수 있다.

〈표 3-1〉 주간계획안 예시(만 4세)

기 간	20**년 4월 2주 (4월 *일~*일)
주 제	봄
목 표	*봄에 나타나는 자연의 변화를 눈으로 확인하고 말로 이야기한다. *날씨의 변화에 대해 파악한다. *봄에 피는 여러 가지 식물과 씨앗이 자라나는 과정을 살펴본다.

이야기 나누기
-봄이 되면서 달라지는 것들
-따뜻해진 날씨
-봄비가 내려요
-싹이 났어요
-봄에 동물들이 깨어나요

동시·동화·동극
-우리는 봄 친구
-봄이 왔어요
-봄을 알리는 시계
-봄 빛 꽃 빛
-봄비
-이슬비 속사임
-나무를 가꾸자
-봄소풍
-꽃들아 인녕
-병아리

노래·음률·음악감상
-꽃샘바람
-빗바울 행진곡
-예쁜은구슬
-개구리

조형
-개나리 도장찍기
-화분꾸미기
-봄동산 꾸미기
-색종이 찢어 나무 꾸미기
-옷걸이 나비 꾸미기

생활지도
-바르게 앉기
-휴지는 휴지통에 버리기
-줄 서기
-화분에 물주기
-실내 놀이기구 바르게 사용하기

전이·주의집중
-다른 것 찾기
-관찰력 게임
-손유희 – 뱅글뱅글
-동시 읊어보기
-패턴 만들기

수·조작
-병아리부터
-빗방울 세어보기

언어
-개나리 꽃잎
-봄이 왔어요

과학
-봄나물 관찰
-꽃향기 맡아보기

쌓기·역할·대근육
-봄 동산 꾸미기
-우산 써보기
-발자국과 선 따라 걷기
-벌레 놀이터

실외
-달라진 나뭇잎 관찰하기
-모래찍기
-화단에 물주기
-꽃씨 심기
-동물 먹이주기

신체활동·게임
-다리 펴서 가슴 닿기
-봄바람 되어보기
-빗방울 되어보기
-같은 꽃 찾기

요일 활동	월	화	수	목	금
오전 간식	우유, 과일	우유, 크로와상	수정과, 인절미	우유, 프레이크	식혜, 호박설기
점심 및 이 닦기	손 닦기	작은 소리로 이야기하기	바르게 앉아서 먹기	음식 남기시 않기	골고루 양치질하기
	잡곡밥, 육개장, 양송이볶음, 깻잎, 김치, 과일	비빔밥, 감자양파국, 계란프라이, 깍두기, 요구르트	현미찹쌀밥, 아욱국, 삼겹살구이, 상추쌈, 김치, 과일	영양밥, 곰탕, 오징어볶음, 고구마순무침, 깍두기, 과일	현미밥, 해물 수제비, 햄전, 멸치볶음, 쑥갓생채, 김치, 요구르트
오후 간식	쥬스, 찐 고구마	호박죽	두유, 샌드위치	쥬스, 잡채	두유, 샌드위치
낮잠	편안한 옷차림으로				

기 간	20**년 4월 2주 (4월 *일~*일)				
주 제	봄				
목 표	*봄에 나타나는 자연의 변화를 눈으로 확인하고 말로 이야기한다. *날씨의 변화에 대해 파악한다. *봄에 피는 여러 가지 식물과 씨앗이 자라나는 과정을 살펴본다.				
요일 / 활동	월	화	수	목	금
자유선택활동 실내	조작 : 병아리부터 과학 : 봄나물 관찰 언어: 개나리 꽃잎	쌓기 : 봄동산 꾸미기 언어 : 봄이 왔어요	역할 : 우산 써보기 수 : 빗방울 세어보기	조작 : 나무 붙여보기 과학 : 꽃향기 맡아보기	대근육 : 발자국과 선 따라 걷기 쌓기 : 벌레 놀이터
자유선택활동 실외	달라진 나뭇잎 관찰하기	모래찍기	화단에 물주기	꽃씨 심기	동물 먹이주기
이야기 나누기	봄이 되면서 달라지는 것들	따뜻해진 날씨	봄비가 내려요	싹이 났어요	봄에 동물들이 잠에서 깨어나요
동시·동화 동극	우리는 봄 친구 봄이 왔어요	봄을 알리는 시계/봄 빛 꽃 빛	봄비 이슬비 속삭임	나무를 가꾸자 봄소풍	꽃들아 안녕 병아리
조형활동	개나리 도장찍기	화분 꾸미기	우산 만들기	색종이 찢어 나무 꾸미기	옷걸이 나비 꾸미기
노래·음률·음악감상	꽃샘바람		빗방울 행진곡 예쁜 은구슬		개구리
오전 간식	두유, 과일	우유, 크로와상	수정과, 인절미	우유, 프레이크	식혜, 호박설기
신체활동 게임 신체표현		다리 펴서 가슴 닿기 봄바람 되어보기	빗방울 되어보기 요리 : 달걀 샐러드 샌드위치	같은 꽃 찾기	
전이 주의집중	다른 것 찾기	관찰력 게임	손유희 – 뱅글뱅글	동시 읊어보기	패턴 만들기
점심 및 이 닦기	손 닦기	작은 소리로 이야기하기	바르게 앉아서 먹기	음식 남기지 않기	골고루 양치질하기
	잡곡밥, 육개장, 양송이볶음, 깻잎, 김치, 과일	비빔밥, 감자양파국, 계란프라이, 깍두기, 요구르트	현미찹쌀밥, 아욱국, 삼겹살구이, 상추쌈, 김치, 과일	영양밥, 곰탕, 오징어볶음, 고구마순무침, 깍두기, 과일	현미밥, 해물수제비, 햄전, 멸치볶음, 쑥갓생채, 김치, 요구르트
오후 간식	쥬스, 찐 고구마	호박죽	두유, 샌드위치	쥬스, 잡채	두유, 샌드위치
낮잠	편안한 옷차림으로				
생활지도	바르게 앉기	휴지는 휴지통에 버리기	줄 서기	화분에 물주기	실내놀이기구 바르게 사용하기
평가					

2) 일일 보육활동계획안

아동은 어린이집에서 하루를 보내면서 그날의 주제에 맞게 계획된 다양한 활동들을 경험하게 된다. 이런 다양한 활동은 주간계획안에 기초하여 구성되지만 아동의 흥미와 욕구, 사건에 따라 융통성 있게 운영한다. 또한 동적이거나 정적인 활동의 유형과 구성의 집단의 크기를 고려하여 활동을 진행해야 한다.

일일 보육계획안도 주간계획안과 마찬가지로 보육기관이 실행하는 프로그램에 따라 다양한 형태로 작성될 수 있다. 정규실습 시 일일 보육계획안은 유아에게 적합한 보육과정을 운영하고, 교육적 목표를 극대화하기 위해서 수립하는 지도계획이다. 경험이 부족한 예비교사는 일일 보육계획안 작성을 구체적이며 구조적으로 함으로써 진행에 큰 도움을 받을 수 있으며, 교육적 효과를 최대화할 수 있다.

일일 보육활동계획안 작성 시 일반적인 유의사항은 다음과 같다.

① 목표가 명확해야 하며, 내용 및 진행방법이 간결하면서도 체계적으로 짜여야 한다.
② 아동의 발달 및 학습원리에 강조하는 내용이 수업계획안에 반영되도록 한다.
③ 세밀하고 깊이 있게 준비하여 보육활동에 직결될 수 있게 작성한다.
④ 활동시간을 잘 고려하여 작성하고, 영유아의 흥미 변화에 따라 대처할 수 있도록 융통성 있게 계획하여야 한다.
⑤ 수업 진행 전에 반드시 지도교사의 지도와 조언을 받는다.

종일 보육활동에 대한 계획안은 실습 마지막 주에 종일수업을 진행하기 전에 작성하여 제출한다. 그동안 작성했던 부분 보육활동계획안과는 달리 영유아의 등원 시부터 귀가할 때까지의 모든 계획을 작성해야 하며, 적어도 세 가지 활동이 포함되어야 한다. 종일수업은 실습의 마무리 과정으로 교사로서의 자신을 평가할 수 있는 가장 객관적인 방법이므로 진행 전에 철저하게 계획한다. 종일 보육활동계획안은 적어도 수업 진행 3일 전에는 지도교사에게 제출하여 조언을 구하고, 원장님께 결재를 받도록 한다.

종일 보육활동계획안에는 수업 진행 날짜와 대상연령, 주제 및 목표, 활동시간, 활동내용, 준비물 및 유의점을 기록한다. 활동시간은 등원부터 귀가할 때까지 하루 일과의 시간을 세부적으로 나누어 기록한다. 또한 활동은 정적인 활동과 동적인 활동이 골고루 분배되도록 계획하고, 산책이나 바깥놀이를 일과에 반드시 포함시키도록 한다. 예비교사는 수업을 보지 않은 사람들도 하루의 일과를 비디오 보듯이 알 수 있도록 종일 수업계획안을 구체적이고 구조적으로 작성하도록 한다.

〈표 3-2〉 **일일 보육활동계획안 예시(만 4세)**

일시	20**년 4월 **일 화요일	학급	***반
생활주제	봄이 되면 무엇이 변할까?		
목표	· 봄이 되면 달라지는 계절의 변화에 대해 이야기한다. · 비가 내릴 때의 옷차림을 구별한다.		
시간	활동명 및 내용		활동자료
9:00 ~9:30	◎ **등원 및 이야기 나누기** · 등원할 때 누구와 함께 왔는지 오는 길에 무슨 일이 있었는지 이야기하며 건강과 심리 상태를 살핀다. · 오늘의 날짜와 날씨에 대해 알아보고 하루 일과표에 시간에 따라 활동표를 붙이며 계획한다. - 오늘 날씨가 어떤지 이야기 나누며 이야기 나누기 활동에 관심을 갖도록 한다. · 오후 자유선택활동 시간에 진행할 요리활동에 대해 이야기 나눈다. - (달걀 샐러드 샌드위치)라는 요리 제목을 듣고, 준비된 재료를 가지고 어떻게 만들어야 할지, 주의할 점은 무엇인지 이야기 나눈 후 요리 순서를 정한다. - 이름을 부르면 계란을 냄비에 하나씩 넣고 놀이계획표에 표시를 하고 활동을 시작한다. - 원하는 아동은 미술영역에서 요리 순서도 만들기에 참여한다.		날짜판, 하루 일과표 냄비, 달걀, 가스레인지
9:30 ~10:40	◎ **자유선택활동** 놀이계획표에 자신이 활동할 놀이를 표시한 후 시작한다. * 역할 – 우산 써보기 · 비가 오는 장면을 상상하여 소꿉영역을 꾸며 보고 비옷과 장화, 우산을 착용하고 놀이한다. * 쌓기 – 봄동산에 비가 내려요 · 지난 시간에 봄동산 꾸미기 활동을 확장하여 비가 내리면 봄동산이 어떻게 변할지 상상하여 꾸며 본다. * 언어 – 다양한 비 소리 듣기		비옷, 장화, 우산 카세트, 비 소리 카세트테이프 꾸미기 재료

시간	활동명 및 내용	활동자료
	* 수 – 빗방울 세어보기 * 동시 – '이슬비 속삭임' * 조형 – 우산 만들기, 요리 순서도 ◎ **정리정돈 및 손 씻기** · 세면대에 줄을 서서 차례를 지켜 손을 씻는다.	
10:40 ~11:00	◎ **간식** · 아침식사에 따라 양조절하기 · 인절미 가루를 주의해서 책상을 정리한다. ◎ **전이·주의집중** 손유희 – 뱅글뱅글	수정과, 인절미
11:00 ~11:30	◎ **대집단활동 – 이야기 나누기**(봄비가 내려요) · 겨울 옷차림과 봄의 옷차림에 대한 사진을 보며 비교해 보고 이유에 대해 이야기 나눈다. · 눈이 내리는 장면을 보며 봄에는 어떻게 변하는지 이야기 나눈다. · 빗소리를 듣고 어떤 소리인지 알아본다. · 비가 내릴 때 어떤 느낌이 드는지, 어떤 옷을 입어야 할지 생각한다.	비디오 자료, TV, 빗소리 테이프, 카세트테이프
11:30 ~12:00	◎ **실외활동** · 도우미 어린이는 화단에 물주기	물 조리개
12:00 ~12:40	◎ **대집단활동 – 음악감상**(빗방울 행진곡) · 편안한 자세로 듣는다. · 행진곡을 들으며 어떤 느낌이 들었는지 이야기 나눈다. · 음악 속에 빗방울은 어떤 모양으로 내리는지 상상하여 손으로 표현해 본다. · 빗방울과 같은 소리가 나는 물건을 찾아본다. · 느낌을 그림으로 그려 보고 제목을 붙여본다.	음악 테이프 카세트테이프 그림 그리기 자료
12:40 ~13:30	◎ **점심준비 및 손 씻기, 점심식사** · 자리를 정리하고 점심식사 준비를 한다. · 빗방울 행진곡을 작게 틀어놓는다. · 바르게 앉아서 먹는다. · 점심을 먹은 아동은 자리를 정리하고 양치질을 한다.	현미찹쌀밥, 아욱국, 삼겹살 구이, 상추쌈, 김치, 과일
13:30 ~14:50	◎ **자유선택활동** 양치질을 한 유아는 하루 일과표에 따라 활동을 시작한다. * 과학 – 물조리개에 떨어지는 물방울 느껴 보기 * 조형 – 빗방울 행진곡 감상 그림 그리기 **소집단 활동** – 달걀 샐러드 샌드위치 · 조별로 나누어 진행한다. · 손을 씻은 후 요리의 재료와 도구를 탐색하고 삶은 달걀을 깐다(껍질을 정리할 수 있는 그릇을 준비한다.)	믹싱볼, 도마, 칼, 수저, 접시, 달걀, 사과, 오이, 감자, 마요네즈

시간	활동명 및 내용	활동자료
	· 달걀과 사과, 오이를 잘게 썰고 감자를 으깬다. · 믹싱볼에 담아 마요네즈와 함께 버무린다. · 만든 샐러드를 빵에 발라 샌드위치를 만든다. · 오후 간식을 위하여 한곳에 모아 놓는다. (빵이 굳지 않도록 밀폐된 용기를 준비한다.) ◎ **정리정돈 및 화장실 다녀오기**	
14:50 ~15:40	◎ **낮잠준비 및 낮잠** · 정해진 위치에 편안하게 실내화와 양말을 벗은 후 이불과 베개를 펴고 잘 준비를 한다. · 조용한 음악을 틀고 커튼을 쳐서 채광을 가린다. (안경, 머리끈, 머리띠 등을 제거해 준다.)	이불, 베개
15:40 ~16:20	◎ **이불 개기, 화장실 다녀오기, 조용한 놀이** · 이불을 개어 정해진 자리에 정리한다. · 옷과 머리를 단정하게 한다. · 먼저 일어난 아동은 퍼즐 맞추기나 도서, 미술영역 등에서 조용한 놀이나 오전시간에 못했던 활동을 마무리한다.	
16:20 ~16:40	◎ **간식** · 자유선택시간에 만든 샌드위치와 쥬스를 먹는다.	쥬스, 샌드위치
16:40 ~17:00	◎ **대집단 활동·동화**(봄비) · 봄비가 어떤 여행을 하는지 생각하며 동화를 듣는다.	동화
17:00 ~17:40	◎ **실외 자유선택활동** · 다음날 심을 꽃씨와 모종삽, 만든 화분 등을 실외 놀이터에 준비한다. ◎ **중집단활동 – 신체표현**(빗방울이 되어 보자.) · 실외활동을 두 집단으로 나누어 진행한다. · 음악감상 시간에 들었던 빗방울 행진곡을 들으며 몸으로 빗방울이 되어 움직여 본다. · 여러 가지 소품(공, 마라카스)을 이용해서 표현해 본다.	음악 테이프, 카세트테이프, 소품
17:40 ~18:00	◎ **하루 평가 및 귀가 지도** · 오늘 하루 일과를 회상하며 즐거웠던 일, 속상한 일에 대해 이야기 나눈다. · 오늘 미술영역에서 만든 우산을 소개한다.	
평가		

〈표 3-3〉 단위 보육활동계획안 예시(만 1세)

<table>
<tr><td rowspan="2">제출일</td><td rowspan="2">6월 *일 *요일</td><td rowspan="2">결재</td><td>보육실습생</td><td>보육실습
지도교사</td><td>보육시설장</td></tr>
<tr><td>㊞</td><td>㊞</td><td>㊞</td></tr>
<tr><td>보육실습 학급</td><td>만 1세 **반</td><td>보육실습 일시</td><td colspan="3">6월 *일 *요일 오전 09:00~10:30</td></tr>
<tr><td>보육실습생</td><td>○○○</td><td>보육실습 지도교사</td><td colspan="3">○○○</td></tr>
<tr><td>주 제</td><td>활발한 움직임</td><td>소주제</td><td colspan="3">올라가요 내려가요</td></tr>
<tr><td>활동일시</td><td>6월 *일</td><td>활동시간</td><td colspan="3">오전 자유선택활동</td></tr>
<tr><td>활동명</td><td>두더지 상자(까꿍놀이)</td><td>흥미영역/활동유형</td><td colspan="3">언어영역/언어활동</td></tr>
<tr><td>활동목표</td><td colspan="5">◦ 상자 안에서 자신을 부르는 소리를 들으면 고개를 내밀며 눈을 맞춘다(의사소통 〉 듣기 〉 경험과 관련된 말의 의미 알기).
◦ 상자 안과 밖으로 들고 날 수 있도록 몸의 크기와 방향을 조절한다(신체운동 〉 신체조절과 기본운동 〉 대근육조절하기).</td></tr>
<tr><td colspan="4">활동방법</td><td colspan="2">활동자료</td></tr>
<tr><td>도입</td><td colspan="3">◦ 사전에 구멍 뚫린 상자를 뒤집어 놓고 영아와 함께 다양하고 쉽게 꾸밀 수 있는 재료로 상자를 꾸민다.
◦ 두더지 상자의 구멍을 제시하며 함께 탐색한다.
"상자에 이것(구멍을 가리키며)은 무엇일까?"<br>"구멍이 하나, 둘, 셋, 세 개가 있네!"<br>"이 상자에 이것을 붙이면 어떤 모습일까?"</td><td colspan="2" rowspan="3">◦ 영아가 들어갈 수 있는 큰 상자의 윗부분에 구멍 2~3개를 뚫는다.
◦ 구멍 주위를 테이핑한다.
◦ 상자의 겉면을 쉽게 붙일 수 있는 색상지, 시트지로 꾸민다.</td></tr>
<tr><td>전개</td><td colspan="3">◦ 상자와 구멍에 관심을 보이면 상자 안으로 들어가 두더지 놀이의 시범을 보인다.
"선생님이 상자 속에 들어가 볼게. 선생님이 ○○를 볼 수 있을까?"<br>"짠(상자 밖으로 얼굴을 내밀며)~ 까꿍! 선생님 얼굴이 구멍 밖으로 나왔네!"
◦ 영아가 상자 안으로 들어가면 이름을 부른다.
"○○도 상자 속으로 들어가 볼까?"<br>"(영아가 상자 안으로 들어가면) ○○야, 어디로 갔니?"<br>"까꿍 ○○가 여기 있었네!"</td></tr>
<tr><td>마무리</td><td colspan="3">◦ 영아가 상자에서 나올 때 눈을 맞추며 까꿍놀이를 한다.
"밖에서 다른 친구와도 해볼까? ○○야 어딨니? 우리는 밖에 있다~"
◦ 상자 밖의 영아들도 함께 한다.
"까꿍~ 우리 여기 있다"</td></tr>
<tr><td>확장활동</td><td colspan="5">◦ 상자 옆면에도 구멍을 뚫어 영아의 손과 발이 나오도록 하여 손을 잡아주거나 몸도 만져 주도록 한다.</td></tr>
<tr><td>유의사항</td><td colspan="5">◦ 상자에 날카로운 면이 없도록 테이핑을 하여야 한다.</td></tr>
</table>

주 : 여성가족부(2007), 1세 보육 프로그램 참고

〈표 3-4〉 반나절 보육활동계획안 예시(만 4세)

<table>
<tr><td rowspan="2">제출일</td><td rowspan="2">10월 *일 *요일</td><td rowspan="2">결재</td><td>보육실습생</td><td colspan="2">보육실습
지도교사</td><td>보육시설장</td></tr>
<tr><td>㊞</td><td colspan="2">㊞</td><td>㊞</td></tr>
<tr><td>보육실습 학급</td><td>만 4세 **반</td><td>보육실습 일시</td><td colspan="4">10월 *일 *요일 오전 08:40~12:20</td></tr>
<tr><td>보육실습생</td><td>○○○</td><td>보육실습 지도교사</td><td colspan="4">○○○</td></tr>
<tr><td>주 제</td><td>가을</td><td>소주제</td><td colspan="4">가을생활</td></tr>
<tr><td>활동일시</td><td>6월 *일</td><td>활동시간</td><td colspan="4">오전 자유선택활동</td></tr>
<tr><td>활동목표</td><td colspan="6">① 등원지도(계절에 맞는 옷차림)
② 실내 자유선택활동(미술, 역할놀이, 언어영역)
③ 간식(고구마, 우유)
④ 실외 자유선택활동(게임 – 가을철 열매 나르기)</td></tr>
<tr><td>일일목표</td><td colspan="6">사람들의 가을철 생활에 대해 관심을 가진다.</td></tr>
<tr><td colspan="5">활동방법</td><td colspan="2">활동자료</td></tr>
<tr><td>등원지도
(8:30~09:00)</td><td colspan="4">◦ 날씨에 맞는 차림에 대해 이야기하며 옷을 정리한다.
◦ 놀이영역을 소개하며 놀이를 계획하도록 안내한다.</td><td colspan="2">◦ 날짜, 요일 달력
◦ 출석표
◦ 놀이계획표</td></tr>
<tr><td>실내
자유선택
활동
(9:00~10:15)</td><td colspan="4">◦ 목표 : 가을철의 주변 생물과 생활의 변화에 대해 안다.
–미술영역 : 은행잎 찍기 놀이*
· 은행나무 잎에 물감을 바르고 종이로 눌러 찍으며 판화의 원리를 경험한다.
–역할놀이영역 : 미화원 놀이*
· 낙엽을 쓸어주시는 미화원의 역할을 하며 그 노고에 감사한다.
–언어영역 : 가을에 조심할 것은?*
· 불·감기·벌·교통안전 등에 대한 수수께끼를 맞춘다.
◦ 정리정돈의 시간이 더 필요한 조형, 역할, 쌓기영역에는 놀이 정리시간이 얼마 남았는지 미리 예고한다.</td><td colspan="2">◦ 은행잎, 롤러, 물감, 미화원 복장, 종이낙엽, 청소도구, 수수께끼 카드</td></tr>
<tr><td>정리정돈
(10:15~10:30)</td><td colspan="4">◦ 또래와 함께 협력하여 정리한다.
◦ 각 영역별로 4명씩 팀을 만들어 정리해 본다.
◦ 팀별로 격려하며 화장실로 손 씻으러 간다.</td><td colspan="2">◦ 팀별정리모습 사진촬영</td></tr>
<tr><td>오전 간식
(10:30~10:50)</td><td colspan="4">◦ 스스로 간식 접시를 정리한다.
◦ 메뉴 : 찐 고구마 1/2개, 우유 1컵
◦ 고구마의 좋은 점에 대해 간단히 이야기를 나눈다.
"땅 속에서 자라는 뿌리에요. 삶고 찌거나 구워먹기도 해요. 감자보다 달콤한 맛이에요. 나는 누구일까요?"
◦ 간식을 다 먹은 후에는 접시를 정리하고 손을 씻는다.
◦ 또래들이 다 먹을 때까지 책을 보며 기다린다.</td><td colspan="2">◦ 고구마</td></tr>
</table>

	활동방법	활동자료
실외 자유선택 활동·게임 (10:50~11:50)	◦활동명 : 가을철 열매 나르기(게임) –목표 : 규칙을 지키며 게임을 즐긴다. 열매를 활용한 놀이로 가을을 즐긴다. –배열 : 잔디밭에 두 줄 앉기 –도입 : 열매탐색, 팀명 정하기 –전개 : 게임방법 정하기, 규칙 회상하기, 경기하기 –마무리 : 경기결과는 열매 바구니를 저울로 달아 확인하기 –이긴 팀, 약속 잘 지킨 팀, 응원 열심히 한 팀, 칭찬하기 –실외 놀잇감 정리를 한 후 손을 깨끗이 씻고 점심식사를 하도록 안내한다.	◦가을철 열매(밤, 도토리, 대추), 국자, 바구니, 스티커, 저울
유의사항	◦비가 오면 실외 자유선택활동 게임은 유희실에서 하도록 한다. ◦게임을 마치고 나면 실외 자유선택활동을 자유롭게 하도록 한다. ◦팀별로 정리할 때의 좋은 점을 발견하는 기회를 준다.	

3) 부분수업 활동계획안

부분수업(단편적인 하나의 수업), 연결수업(2개 이상의 수업연결), 종일수업(하루 일과의 시작부터 끝)을 효과적으로 진행하기 위해서는 세밀하게 활동계획안을 작성해야 한다. 부분수업을 위한 활동계획안에는 일반적으로 주제와 목표, 활동명, 활동내용, 대상연령, 필요한 준비물, 소요시간 등이 기록되며 활동의 도입, 전개, 마무리 등 진행 순서에 맞게 계획하여 기록한다. 그 기록을 바탕으로 또 다른 사람이 수업을 그대로 진행할 수 있을 정도로 자세하게 기록하는 것이 바람직하다(박낭자 외 8인, 2006; 이선경 & 이은정, 2008; 문혁준, 백혜리, 김정희, 김민희, 2008).

부분수업 활동계획안은 하루 일과 중 한 가지 보육활동을 진행하기 전에 작성하는 것이다. 예비교사는 실습 두 번째 주부터 부분수업을 시작하게 되므로 보통 첫 주나 두 번째 주의 초반에 부분수업 활동계획안을 작성하여 지도교사에게 제출한다. 부분수업 활동계획안을 작성할 때에는 대상연령을 고려하여 실습 중인 반에서 현재 진행 중인 주제에 맞게 작성하고, 어느 활동을 진행할 것인지와 하루 일과 중 어느 시간에 진행할 것인지에 따라서 계획을 다르게 세워야 한다.

(1) 이야기 나누기

이야기 나누기 활동 계획안

활 동 명 봄비가 내려요.
생활주제 봄이 되면
활동일시 20**년 4월 **일
집단형태 대·소집단 가능
대상연령 만 4세
활동목표 • 봄이 되면 날씨가 어떻게 달라지는지 변화에 관심을 갖는다.
• 눈과 비의 차이점에 대해 알아본다.
• 새로운 시작을 알리는 봄비의 고마움에 대해 이야기한다.

준 비 물 • 비오는 장면의 비디오테이프 또는 빗방울 소리 테이프
• 비올 때 옷차림에 관한 그림자료(비디오테이프 없을 경우)
• 새싹이 돋는 나뭇가지나 파릇파릇 돋아나는 풀밭에 관한 사진자료
• 수정액(correction fluid)으로 눈송이를 그린 투명 아세테이트지

활동방법

✐ 사전활동
• 오늘의 날씨에 대해 이야기 나누면서 봄의 날씨에 대해 느껴 보도록 한다.
• 자유선택활동 시간 아동들이 역할영역에서 비옷과 우산, 장화를 착용하고 놀이하면서 자연스럽게 봄비에 대해 관심을 갖도록 한다.

✐ 본 활동
[도입]
• '봄비가 내려요'에 관한 이야기 나누기를 시작하기 전에 빗방울 소리(TV 화면을 가리거나, 소리가 녹음되어 있는 테이프 이용)를 들려주며 흥미를 갖도록 한다.
교사 : 무슨 소리일까?
아동 : 비행기 소리요.
빗방울 소리요.
교사 : 이런 소리를 들어본 적이 있니?
아동 : 비올 때 우산 쓰고 나가면 우산에서 들려요.
교사 : 어디서 나는 소리인지 알아볼까?
• 가려진 화면을 공개하여 비오는 장면을 소개한다.

[전개]

- 비가 오는 장면을 보면서 빗방울 소리와 사람의 옷차림, 자연의 변화에 대해 관찰할 수 있도록 한다.

  교사 : 빗방울 소리를 잘 들어보자. 무슨 소리 같니?

  아동 : 샤워할 때 나는 소리요.

  콩들이 바닥에 떨어지는 소리요.

  교사 : 이렇게 비가 올 때 사람들은 어떤 옷을 입었니? 어떤 것을 들고 있니?

  아동 : 비옷이요.

  우산이요.

- 겨울에 움츠러들었던 자연이 봄비를 맞으면서 새롭게 계절을 맞고 변화하는 것에 대해 이야기 나눈다.

  교사 : 봄에 이렇게 비가 내리면 산이랑 들이랑 밭이 어떻게 변할까?

  아동 : 물이 많아져요.

  풀들이 물을 빨아들여요.

  초록색이 예뻐져요.

- 비가 올 때 어떤 느낌이 드는지 경험을 나눈다.

  교사 : 비가 오는 날 기억나는 일이 있니?

  아동 : 엄마가 부침개 해줘요.

  아빠는 세차했다고 속상해하세요.

  교사 : 빗방울을 손으로 만져 본 적 있니? 어떤 기분이었니?

  아동 : 간지러워요.

  손이 차가워져요.

- 겨울과 봄에는 어떻게 다른지 이야기 나눈다.

  교사 : 왜 봄에는 겨울처럼 눈이 내리지 않고 비가 내릴까?

  아동 : 겨울처럼 춥지 않아서요.

  봄에는 따뜻하니까요.

  교사 : 봄에도 겨울처럼 눈이 내린다면 무슨 일이 일어날까?

  아동 : 사람들이 감기에 걸려요. 눈썰매 타러 가요.

(새싹이 돋은 나뭇가지 그림에 눈송이를 그린 투명 아세테이트지를 덮는다.)

[마무리]

- 여러 가지 사진자료를 과학영역에 제시해 준다.
- 역할영역에서 비오는 날에 관한 놀이를 계속 진행한다.

유 의 점

- 눈과 비를 비교하며 과학적인 이유를 전달하지 않도록 주의한다.
- 아동이 대답을 머뭇거릴 때에는 재촉하지 않고 충분히 생각할 수 있도록 기다려 준다.

평 가

지난 활동계획보다는 더 자세하게 기술하셨고 상호작용 또한 양호합니다. 많이 나아진 모습을 보니 저도 기쁘군요. 다만, 아무리 치밀하게 계획을 세웠어도 미리 한번 연습해 보는 것과 그냥 와서 아이들 앞에서 진행하는 것은 큰 차이가 있을 것입니다. 선생님의 멋진 모습 기대할게요.

(2) 문학활동

문학활동 계획안

활 동 명 동화·동극 – 숲 속의 떨어진 의자
생활주제 동물
활동일시 20**년 5월 **일
집단형태 대집단
대상연령 만 5세
활동목표
- 이야기를 듣고 내용을 이해한다.
- 동화를 듣고 상상력을 기른다.
- 동화를 몸으로 표현한다.

준 비 물 그림동화 자료, 머리띠, 동물 그림

활동방법

✐ **사전활동**
✐ **본 활동**

[도 입]
- 동화를 들려주며 동극을 할 준비를 하도록 알려준다.
  교사 : 오늘은 동화를 듣고 동극을 할 거야. 잘 들어보자.
- 동화 제목을 들려주며 어떤 내용일지 상상해 보게 한다.
  교사 : 오늘 동화는 '숲 속의 떨어진 의자'야. 어떤 이야기일지 제목만 보고 생각해 볼까?

[전 개]

(동화내용)

"숲 속의 떨어진 의자"

부웅~ 숲길을 달리던 차에서 의자 하나가 떨어졌어요.

"저게 뭘까?" 낯선 의자를 보고 동물들이 모여 들었어요.

"이건 의자라는 거야. 우리들 가운데 대장을 뽑아 여기에 앉히는 게 어때?" 여우가 아는 체를 하며 말했어요.

"내가 제일 크니까 내가 앉아야 해." 기린이 머리를 쑤욱 내밀었어요.

"아~함. 입이 나만큼은 커야 대장이 되지." 하마가 입을 크게 벌렸어요.

"어흥! 뭐니뭐니해도 용감하고 힘센 내가 대장이지." 사자가 으스대며 말했어요.

"힘만 가지고는 안 되지. 나처럼 꾀가 많아야 해." 여우가 의자를 슬그머니 빼며 말했어요.

"내가 제일이야. 내가 제일이야. 내가 제일이야." 동물들은 아우성을 쳤어요.

누군가 외쳤어요.

"가장 높이 올라가는 동물을 대장으로 뽑자!"

"그래, 그게 좋겠다."

동물들은 모두 기어오르기 시작했어요.

"끙끙. 낑낑. 밀지 마. 아야. 잡지 마."

우르르르…

"으아아~!"

동물들은 모두 떨어지고 말았어요.

그 사이 아기 다람쥐는 의자 그늘에서 한가로이 잠을 자고 있었어요.

"드르렁 쿨쿨. 드르렁 쿨쿨"

- 동화를 다시 한 번 보여주며 이야기를 회상한다.
  교사 : 숲 속에 무엇이 떨어졌니?
  아동 : 의자요.
  교사 : 여우가 뭐라고 그랬니?
  아동 : 대장을 뽑자고 했어요.
- 등장인물과 인원 수, 무대 장치에 대해 이야기를 나눈다.
  교사 : 이 이야기에는 어떤 동물이 나왔니?
  아동 : 여우요. 사자요. 하마요. 기린이요.
  교사 : 모두 몇 명이었지?
  아동 : 5명이요.
  교사 : 그럼 동극을 하려면 모두 몇 명이 필요할까?

아동 : 5명이요.

교사 : 숲 속은 어디로 하면 좋을까?
숲 속처럼 보이려면 어떻게 꾸며야 할까?

아동 : 쌓기영역이요.
블록으로 나무를 만들어요.

• 동극에서 주의해야 할 사항을 이야기한다.

교사 : 대장을 뽑기 위해 의자 위에 누가 높이 올라가려 했지?
우리가 정말 높이 올라가려고 서로 밀고 당기면 어떻게 될까?

아동 : 다쳐요.
넘어져서 다쳐요.
피가 나요.

교사 : 그래 다치기도 하고 아프기도 하겠지? 어떻게 하면 좋을까?

아동 : 올라가지 말고 흉내만 내요.

교사 : 올라가는 흉내만 낸다면 어떻게 하면 좋을까?

아동 : 친구 몸에 기대지 말고 서서 올라가는 모양을 해요.

• 동극을 할 때의 일반적인 주의사항을 이야기한다.

교사 : 동극을 할 때 말소리나 얼굴 표정을 잘 볼 수 있으려면 어떻게 해야 할까?

아동 : 앞에 보고 해요.
큰소리로 해요.

• 역할을 분담하고 동극 머리띠를 나눠 준 후 자신이 맡은 역할을 소개한다.
(동극이 끝난 후 인사할 때 자신의 역할을 이야기하여도 된다.)

아동 : ㅇㅇ을 맡은 ㅇㅇ입니다.

• 동극의 시작을 알린다.
"ㅇㅇ반의 '숲 속의 떨어진 의자' 동극을 시작하겠습니다."

• 교사가 이야기를 이끌어 가면서 아동이 순서에 맞게 나와서 표현할 수 있도록 한다.
- 대사를 자유롭게 표현할 수 있도록 여유를 준다.

• 동극이 끝나면 한 줄로 서서 관객에게 인사를 한 후 퇴장한다.

[마무리]

• 동극을 한 후 소감과 관객의 느낌을 이야기한다.

교사 : 동극을 하니까/보니까 어땠니?

아동 : 재미있어요.
더 하고 싶어요.

• 상황에 따라 한두 번 더 진행한다.
• 동극에 사용한 도구를 정리한다.

[확장활동]
- 동화 속 주인공에게 편지 쓰기
- 동화내용 이어서 이야기 만들어 보기

유 의 점
- 무대와 관객의 거리를 어느 정도 두어 동극을 할 때 비좁지 않도록 한다.
- 등장인물이 대기하는 장소를 정확히 정하여 아동이 혼동하지 않도록 한다.
- 의자에 올라가는 장면에서 위험할 수 있으므로 좀 더 정확히 약속을 정하도록 한다.

평 가
무대가 나가기 전 등장인물이 대기하는 장소를 정한 것은 참 잘하셨어요. 그런데 기다리고 있는 아이들에 대한 약속을 정하지 않았기 때문에 많이 어수선하였습니다. 기다리는 동안은 어떻게 해야 하는지 규칙을 정했더라면 동극을 보는 아이들이 동극에 보다 잘 집중했을 거예요. 수고 많이 했습니다.

(3) 음악활동

음악활동 계획안

활 동 명 새 노래 – 나뭇잎
생활주제 가을
활동일시 20**년 10월 **일
집단형태 대집단
대상연령 만 4세
활동목표
- 가을의 아름다움을 느낀다.
- 새 노래를 익힌다.

준 비 물 나뭇잎 인형, 노래 가사판, 나뭇잎, 비닐 주머니

활동방법

✐ **사전활동**
✐ **본 활동**

[도 입]
- '나뭇잎'에 관한 노래를 시작하기 전에 수수께끼로 나뭇잎을 소개한다.

교사 : 오늘은 선생님이 이 주머니에 아주 비밀스러운 것을 넣어 왔어요.
어떻게 알 수 있을까?
아동 : 보여주세요.
눈을 가리고 만져 봐요.
교사 : 이 주머니 속에 있는 것이 무엇인지 누가 나와서 주머니 속에 있는 물건을 만져 본 후 친구들한테 느낌을 이야기할 수 있을까?
ㅇㅇ이가 나와서 만져 보고 느낌을 이야기해 줄래.

[전 개]

• 주머니 속의 나뭇잎이 노랫말을 이야기하도록 한다.

교사 : 그래, 주머니 속에 있는 것은 바로 나뭇잎이었구나.
아동 : 전 아까부터 알고 있었어요.
교사 : 그래. 밖에 나가보면 나무에 나뭇잎들이 어떻게 되어 있을까?
아동 : 알록달록해졌어요.
바닥에 떨어졌어요.
교사 : 날씨가 점점 추워지고 바람이 불자 바람에 나뭇잎이 바닥에 떨어져 있구나.
그러면 나뭇잎들은 바닥에 떨어져서 무슨 이야기를 나눌까?
아동 : 춥다고 해요.
어디서 왔는지 물어 볼 것 같아요.
교사 : 그럼 나뭇잎이 무슨 이야기를 하나 들어볼까?
- 날씨가 점점 추워지니까 나는 알록달록 색깔이 변했어요.
바람이 쌩쌩 불면 나는 바닥에 떨어질 거에요.

• 피아노에 맞춰 노래를 정확히 부른다.

교사 : 나뭇잎이 이야기한 노랫말을 노래로 불러 볼 거야. 잘 들어보자.
(오늘 아침 담 밑에 나뭇잎이요.
옹기종기 웅크리고 모여 앉아서
어제 저녁 바람은 쌀쌀 했다고
소근 소근 소근 하면서 발발 떱니다.)

• 멜로디를 들려준다.

교사 : 이제 이 노래의 음이 어떤지 노래를 들어보자. 노래를 아는 친구들도 다른 친구들에게 방해가 되지 않게 조용히 끝까지 들어볼까?

• 아동이 원하는 한 가지 소리로 부른다.

교사 : 노랫말을 넣어 부르기 전에 음을 자세히 알려면 어떻게 부르는 것이 좋을까? 한 가지 소리로 부르려면 어떤 소리로 부를까?

아동 : 라라라요.

음음음이요.

교사 : 그래 '라라라'라는 말을 넣어서 불러 보도록 하자.

• 두세 차례 아동과 나누어 불러 본다.

교사 : 이번에는 선생님과 함께 나누어서 불러 볼까?

• 전체를 다 같이 한두 번 불러 본다.

교사 : 너희들이 끝까지 불러 볼 수 있겠니?

아동 : 네

• 노랫말 중 의성어나 의태어를 바꾸어 불러 본다.

교사 : 우리 '옹기종기'라는 말을 바꿔 볼까? 어떤 말이 좋을까.

아동 : 서로서로요.

사이좋게요.

오순도순이요.

교사 : 옹기종기 대신에 '사이좋게'를 넣어서 다시 노래를 불러 볼까?

[마무리]

• 노래를 부른 후 노래를 배운 후의 느낌을 이야기 나눈다.

교사 : 나뭇잎이라는 노래를 부르니까 기분이 어떠니?

아동 : 추운 느낌이지만 재미있었어요.

교사 : 그럼 마지막으로 다 같이 큰소리로 노래를 불러 보도록 하자.

오늘 새 노래를 불러 봤는데 어땠니?

아동 : 좋아요. 계속 부르고 싶어요.

[확장활동]

• 나뭇잎으로 꾸며 보기

• 나뭇잎의 움직임을 신체로 표현해 보기

유 의 점

노래를 이미 알고 있는 아동이 있을 수 있으므로 노래 도입을 빨리 진행하도록 한다. 또 알고 있는 아동이 모르는 노래 도입을 빨리 진행하도록 한다. 또 알고 있는 아동의 호기심과 동기를 꺾지 않도록 주의한다.

평 가

나뭇잎이 나와서 노랫말을 소개하는 방법도 아이들에게 호기심을 자극하는 방법으로 좋았습니다. 그러나 동화식으로 도입했다면 노랫말을 좀 더 자세히 아이들이 익힐 수 있었을 것 같습니다.

(4) 신체활동

신체활동 계획안

활 동 명 음악감상·신체표현 – 사계 중 봄 / 고무줄놀이
생활주제 여러 가지 색과 모양
활동일시 20**년 6월 **일
집단형태 대집단 또는 중집단 가능
대상연령 만 5세
활동목표 • 고무줄과 몸을 이용하여 여러 가지 모양을 표현한다.
• 물의 흡수과정 및 속도를 관찰해 본다.
준 비 물 • 동화 '아기 고무줄의 여행'
• 음악 테이프 – 사계 중 '봄' / 녹음기
• 굵은 고무줄

활동방법

✐ **사전활동** • 여러 가지 모양의 퍼즐을 맞춰 보면서 모양의 명칭을 안다.
• 고무줄을 마음대로 잡아당기며 탄력 정도를 느껴 본다.

✐ **본 활동**

[도 입]
• 동화 '아기 고무줄의 여행' 이야기를 들려준다.

햇볕이 따듯하게 내리쬐는 영희네 마당에 빨랫줄이 흔들거리기 시작했어요.
가까이 다가가 보니 빨랫줄에 걸린 아기 팬티가 꿈틀거리는 것이었어요. 왜 그럴까요? 아기 팬티 속에 들어 있던 아기 고무줄이 세상을 구경하고 싶었던 거에요.
아기 팬티의 헐은 구멍을 비집고 아기 고무줄은 쏙 빠져 나왔어요.
마당에 뚝 떨어진 아기 고무줄은 길게 목을 쭉 펴고 마당을 둘러보았어요. 마당에는 영희가 놀다가 놔둔 자전거가 있었어요. "자전거의 바퀴 모양이 되어 볼까?" 아기 고무줄은 동그란 모양을 만들었어요.
한참동안 동그란 모양을 했던 아기 고무줄은 심심해졌어요.
아기 고무줄은 마당을 지나 마루로 올라갔어요. 마루에는 영희가 재미있게 읽는 그림책이 있었어요. "그림책 모양이 되어 볼까?" 아기 고무줄은 네모 모양을 만들었어요.
아기 고무줄은 또 지루해졌어요. 그래서 몸을 툭툭 털고 영희 방으로 갔어요.

영희 방 창문에 기대있던 아기 고무줄은 신기한 소리를 들었어요. 교회 종소리가 땡. 땡. 땡. "교회 뾰족탑이 되어 볼까?" 아기 고무줄은 세모를 만들었어요.

아기 고무줄은 하품이 나왔어요. 피곤한가 봐요. 이제 빨리 팬티 속으로 돌아가야겠어요.

다시 쏘옥 들어간 아기 고무줄은 세상을 구경했던 생각으로 즐거워했어요.

- 동화 장면을 보며 어떤 모양을 만들었는지 회상해 본다.
- 몸으로 모양을 만들어 본다.

[전 개]

- 비발디의 사계 중 '봄'을 들려준다.

  교사 : 음악을 들어보자. 어떤 음악인지 주의해서 들어볼까?
- 음악에 대한 느낌을 이야기 나눈다.

  교사 : 음악을 들으면서 어떤 느낌이 들었니?

  아동 : 춤을 추는 기분이에요.
  꽃이 생각나요.
- 아동은 고무줄을 탐색해 본다.

  교사 : 고무줄을 세게 잡아당기니까 어떤 모양이 되었니?

  아동 : 긴 줄이 되었어요.
  끊어질 것 같아서 무서웠어요.
- 음악을 들으며 '아기 고무줄의 여행' 이야기에 따라 고무줄로 모양을 만들도록 한다.

  교사 : 음악을 들으면서 '아기 고무줄의 여행' 이야기를 들려줄게.
  선생님의 이야기를 들으며 아기 고무줄처럼 모양을 만들어 보자.
- 고무줄뿐만 아니라 몸을 이용하여 모양을 만들도록 한다.

  교사 : 고무줄로 동그란 모양을 만들려면 어떻게 해야 할까.
  고무줄을 어떻게 잡아 당겨야 할까?
  고무줄로 모양을 만들어 보고 몸으로도 모양을 만들어 볼까?
  몸으로는 동그란 모양을 어떻게 만들 수 있을까.

[마무리]

- 이야기가 끝난 후 고무줄을 정리하도록 한다.
- 원하는 아동이 있을 경우 역할영역에서 활동할 수 있도록 한다.
- '아기 고무줄의 여행' 이야기는 언어영역에 비치하여 이야기를 재구성하도록 한다.

유 의 점

- 고무줄을 가지고 장난치지 않도록 주의한다.
- 배경 음악과 동화의 이야기가 혼란스럽게 들리지 않도록 배경 음악의 음을 낮게 조절한다.

평 가

음악을 들으며 어떻게 고무줄로 모양을 만들 수 있는지 좀 더 재미있게 생각해 보세요. 어떻게 아이들을 유도할지 계획안에 구체적인 언어표현을 보충해야 하겠습니다. 음악감상과 신체표현은 조금은 어수선하기 때문에 교사의 지시가 명확해야 하는데 조금 힘드셨을 거예요. 애쓰셨어요.

(5) 게임활동

게임활동 계획안

활 동 명 게임 – 꽃그림 뒤집기
생활주제 가을
활동일시 20**년 10월 **일
집단형태 대집단
대상연령 만 3세
활동목표
- 여러 가지 규칙을 지키면서 즐겁게 게임을 한다.
- 여러 움직임을 통해 순발력과 협응력을 기른다.

준 비 물 게임카드(앞 : 국화 / 뒤 : 코스모스), 투명 그릇, 작은 공, 종

활동방법

✐ **사전활동** 여러 가지 가을꽃에 대해 이야기 나눈다.
✐ **본 활동**

[도 입]
- 국화와 코스모스가 그려진 카드를 보여준다.
  교사 : 이 꽃은 무슨 꽃일까?
  아동 : 국화요.
  코스모스요.

• 게임 자료를 보여주며 게임을 어떻게 해야 하는지 알아본다.
교사 : 하나의 카드에 한쪽 면에는 국화가 다른 쪽 면에는 코스모스가 그려져 있어. 어떤 게임을 할 수 있을까?
• 아동이 제시하는 여러 가지 게임 방법을 자세히 듣는다.

[전 개]

• 아동이 제시한 게임 방법 중에 적당한 방법을 선택하여 정리한다.
교사 : 게임 방법을 정리해 보자.
- 한 팀에서 한 명씩 나와서 정해진 시간에 자기 팀에 해당하는 그림이 나오도록 계속 뒤집는다.
- 멈춤 종이 울리면 뒤집는 행동을 멈춘다.
• 정해진 게임 방법을 2명의 아동이 나와 시범을 보이도록 한다.
• 게임 시 발생하는 문제 상황을 제시하고 약속을 정한다.
교사 : 종소리가 났는데도 계속 카드를 뒤집으면 어떨까?
• 나머지 게임 자료들(투명 그릇, 작은 공)을 살펴보고 점수를 주는 방법에 대해 이야기 나눈다.
교사 : 선생님이 게임을 하기 위해서 무엇 무엇을 준비했을까?
아동 : 게임카드요.
점수판이요.
그릇이랑 작은 공이요.
교사 : 자기 팀 꽃 그림이 많은 팀이 점수를 어떻게 가져갈까?
아동 : 그릇에 작은 공 하나를 넣어요.
교사 : 게임이 끝난 뒤에 어느 팀이 이겼는지는 어떻게 알 수 있을까?
아동 : 그릇에 담긴 공을 세어 봐요.
• 팀으로 나눈 후 인원수를 점검한다.
교사 : 게임을 하기 전에 우리가 무엇을 해야 할까?
아동 : 팀을 나눠요
교사 : 그래, 그럼 어떤 방법으로 나누는 게 좋을까?
아동 : 가위 바위 보로 정해요.
조별로 나눠요.
• 팀별로 꽃 그림을 결정하고 팀 이름을 정한다.
교사 : 팀 이름을 무엇으로 할까?
아동 : 코스모스요.
국화요.
교사 : 그래, 카드 그림으로 하면 좋겠구나.

• 게임을 시작한다.
  - 시작과 끝을 정확히 알릴 수 있도록 종을 친다.
  - 중간 중간 게임의 분위기가 과열됐을 경우 태도 점수로 분위기를 가라앉힌다.

[마무리]

• 게임이 끝난 후 점수를 확인한다.

교사 : 우리 다 같이 점수를 보도록 할까?
국화팀부터 작은 공의 개수를 세어 보자.

(아동들과 함께 공의 개수를 세어 본다.)

교사 : 어느 팀이 공을 더 많이 가졌지?

아동 : ○○팀이요.

• 축하와 격려의 박수를 치는 시간을 갖는다.

교사 : 아주 잘한 ○○팀에게 칭찬 박수 쳐주자! 그런데 ☆☆팀 친구들이 없었다면 다른 친구들이 게임을 할 수 있었을까? 끝까지 열심히 게임을 해 준 ☆☆팀에게도 잘했다고 박수 쳐주자.

• 게임한 후 느낌을 이야기 나눈다.

교사 : 오늘 우리가 한 카드 뒤집기 게임 어땠니?

아동 : 재미있었어요.
더 하고 싶어요.

• 게임 자료를 정리한다.

교사 : 오늘 규칙을 잘 지켜 주어서 게임을 즐겁게 할 수 있었어.
카드를 정리하고 게임을 마치도록 하자.
꽃 그림 카드는 누가 정리해 줄까?

유 의 점

몸을 밀치며 카드를 뒤집을 수 있으므로 게임의 규칙을 정확히 지킬 수 있도록 주의한다.

평　　가

몇 명의 아이들이 졌다고 많이 힘들어하네요. "이겨라"라는 응원보다는 "잘해라"라는 응원이 낫지 않을까요. 아이들이 승패에 연연해 하기보다는 열심히 게임을 했다는 사실에 집중할 수 있도록 마무리에 신경을 쓰셨으면 합니다.

(6) 과학활동

과학활동 계획안

활 동 명 과학 – 어떤 물체가 물을 많이 빨아들였을까?

생활주제 여름

활동일시 20**년 7월 **일

집단형태 대집단

대상연령 만 5세

활동목표
- 물은 물체에 따라 빨아들이는 것과 빨아들이지 않는 것이 있음을 안다.
- 물의 흡수과정 및 속도를 관찰해 본다.

준 비 물
- 휴지, 비닐, 화선지, 옷감, 나무(각각 2×10cm)
- 그릇(지름이 나무젓가락 길이만큼 넓은 그릇)
- 나무젓가락(물을 빨아들이는 물체 5개를 붙인다)
- 색소 물

활동방법

✐ **사전활동**
- 면으로 된 걸레로 책상에 엎질러진 물을 닦아서 말려 본다.
- 휴지로 책상에 엎질러진 물을 닦아서 공기 중에 놓아둔다.

✐ **본 활동**

[도입]

- 휴지, 비닐, 화선지, 옷감, 나무 등의 물체를 탐색한다.

교사 : 선생님이 준비한 것이 무엇일까?

아동 : 휴지요. 비닐이요.
옷감이요. 나무요.

교사 : 휴지도 있고, 비닐도 있고, 옷감도, 나무도 있구나. 여기 화선지라는 것도 있네. 붓글씨 할 때 쓰는 종이구나.

교사 : 너희들은 이런 것을 어디에서 봤니?

아동 : 문방구요. 화장실이요.

교사 : (각각의 물건을 들고) 만지면 어떤 느낌이 나니?

아동 : 부드러워요.

교사 : 세게 잡아당기면 어느 것이 쉽게 잘라질까?

아동 : 휴지요.

- 나무젓가락을 가로로 놓고 준비한 재료를 붙인다.

교사 : 오늘 선생님이 특별한 실험을 하기 위해 나무젓가락에 여러 가지 물건을 붙일 거야. 어떤 실험을 할지 생각해 보자.

- 나무젓가락에 여러 가지 재료를 붙이고, 색소 물을 담은 그릇을 준비한다.

교사 : 이렇게 준비한 물건으로 어떤 실험을 할 수 있을까?

아동 : 물건을 담가 봐요.

[전 개]

- 나무젓가락에 붙인 물체를 색소 물에 담그면 어떻게 될지 예상해 본다.

교사 : 어떤 것이 색소 물을 가장 많이(길게) 빨아들일까?

아동 : 휴지요. 옷감이요.

- 예상한 것을 활동지에 기록한다.

교사 : 어떤 것이 색소 물을 가장 많이 빨아들이는지 활동지에 표시해 볼까? 어떤 것이 물을 가장 빨리 빨아들이는지 활동지에 표시해 볼까.

- 색소 물에 나무젓가락을 담근 뒤 1분 동안 기다린다.

교사 : 누가 이 나무젓가락을 담가 볼까?
(한 명의 아이가 나와 나무젓가락을 담고 고정 장치에 건다.)

교사 : 어떤 것이 가장 빨리 빨아들였니?

아동 : 휴지요.

교사 : 어떤 것이 가장 많이 빨아들였니?

아동 : 휴지요.

[마무리]

- 실험 결과를 활동지에 기록한 후 예상한 것과 비교한다.

교사 : 너희들이 예상한 것과 어떻게 다르니?

아동 : 난 옷감일 줄 알았는데….

교사 : 왜 다른 것 같니?

아동 : 옷감이 두꺼워서요.

- 재료에 따라 물이 흡수되는 시간의 차이를 설명해 준다.

교사 : 우리가 실험한 것처럼 휴지가 가장 빨리 물을 빨아들이는구나. 비닐은 물을 빨아들이지 못하네. 나무랑 옷감은 어느 것이 더 물을 빨아들였니?

- 과학영역에서 실험할 수 있도록 재료를 준비해 준다.

유 의 점

- 휴지나 화선지 경우는 색소 물을 많이 빨아들일 경우 끊어질 수 있으므로 여러 겹으로 조각을 만들도록 한다.
- 나무젓가락을 고정 장치에 걸쳐 담가 놓을 때, 그릇에 물체들이 닿지 않도록 주의한다.

평 가

과학활동은 아동들이 흥미로워하는 활동입니다. 다양한 재료를 준비하셔서 아이들의 관심을 유도하신 것은 좋습니다. 활동 중간 중간 아이들이 직접 참여할 수 있도록 격려해 주세요.

(7) 요리활동

요리활동 계획안

활 동 명 달걀 샐러드 샌드위치

생활주제 봄이 되면 무엇이 변할까?

활동일시 20**년 4월 **일

집단형태 대·소집단

대상연령 만 5세

활동목표
- 물질의 변화에 호기심을 갖고 관찰한다.
- 도구를 정확하고 안전하게 사용한다.

준 비 물
- 달걀, 감자, 사과, 오이, 마요네즈
- 믹싱볼, 도마, 안전 칼, 숟가락, 접시

활동방법

✐ **사전활동**
- 삶기 전 달걀과 감자를 관찰한다.
- 달걀과 감자를 삶았을 때 어떻게 변할지 예상한다.

✐ **본 활동**

[도 입]

- 재료와 도구를 가지고 탐색한다.

  교사 : 오늘 요리를 하려고 무엇을 준비했을까?

  아동 : 달걀. 감자. 사과. 오이. 마요네즈요.

  교사 : 어디서 봤니?

  아동 : 마트에서요. 가게에서요. 집이요.

  교사 : 달걀과 감자를 삶으면 어떻게 될까?

  아동 : 먹을 수 있어요. 맛있어져요. 달걀이 딱딱해져요.

- '달걀 샐러드 샌드위치'라는 요리 제목으로 준비된 재료를 가지고 어떻게 만들어야 할지, 주의할 점은 무엇인지 이야기 나눈다.

  교사 : 이 재료로 무엇을 만들 수 있을까?

아동 : 감자볶음이요. 계란프라이요.
교사 : 이 재료를 모두 넣어서 만들 수 있는 음식은 무얼까?

• 요리 순서도를 만든다.
  - 달걀과 감자를 삶는다.
  - 달걀과 감자의 껍질을 까고 으깬다.
  - 사과, 오이를 잘게 썬다.
  - 믹싱볼에 담아 마요네즈와 함께 버무린다.
  - 만든 샐러드를 빵에 발라 샌드위치를 만든다.
  - 도구를 정리한다.
  - 맛있게 먹는다.

[전 개]

• 자유선택활동 시간 소그룹으로 모인다.
  교사 : 선생님이 조를 부르면 손을 씻고 소꿉영역으로 모일 거야.
• 손을 깨끗이 씻은 후 앞치마를 두른다.
  교사 : 음식을 만들 때 재료들이 옷에 묻지 않으려면 어떻게 해야 할까?
  아동 : 앞치마를 입어요.
• 요리 순서도에 따라 요리한다.
  교사 : 어떤 도구로 달걀과 감자를 으깰 수 있을까?
  아동 : 숟가락이요. 방망이요.
  교사 : 오이와 사과를 잘게 썰려면 무슨 도구가 필요할까?
  아동 : 칼이요. 도마요.
  교사 : 준비된 도구를 이용해서 요리 순서도에 따라 요리를 시작해 볼까?
• 각자 할 부분과 함께 할 부분을 구분하여 재료를 분배한다.
  - 아이들이 요리 순서도에 따라 자르고 으깰 수 있도록 오이와 달걀, 감자, 사과를 나누어 준다.
  - 자르고 으깬 재료를 한 그릇에 담아 마요네즈를 넣고 버무린다.
  - 숟가락이나 잼 나이프로 샐러드를 빵에 바르도록 한다.
  - 샌드위치를 알맞은 크기로 자른다.
• 도구와 남은 재료를 정리한다.
  교사 : 다음 조를 위해서 도구와 재료를 어떻게 해야 할까요?
  아동 : 정리해요.
• 오후 간식으로 먹기 위해 완성된 샌드위치는 모아 놓는다.

[마무리]

• 오후 간식시간에 나누어 먹는다.
• 음식을 먹으면서 만들었을 때의 느낌에 대해 이야기 나눈다.

유 의 점

- 칼에 손이 다치지 않도록 안전 칼을 준비한다.
- 완성된 샌드위치가 마르지 않도록 깨끗한 젖은 거즈를 덮어 놓거나 밀폐용기에 넣는다.

평　　가

요리할 때 아이들은 모두 손을 깨끗이 씻고 준비하도록 해주세요. 요리과정 중에 재료에 대한 탐색을 하고, 요리 후에 뿌듯함도 함께 이야기 나누도록 해주세요.

(8) 조형활동

조형활동 계획안

활 동 명 모양 찍기

생활주제 여러 가지 색과 모양

활동일시 20**년 5월 **일

집단형태 대집단

대상연령 만 3세

활동목표
- 물감을 칠해서 흰색 크레파스 자국이 드러나는 활동을 통해 물과 기름이 분리되는 것을 안다.
- 모양 찍기 활동을 통해 색과 모양을 구별한다.

준 비 물
- 스티로폼 접시, 부직포 패드, 물감(3원색 : 빨강, 파랑, 노랑)
- 스펀지로 만든 3가지 찍기 틀(네모, 세모, 동그라미)
- 책 모양의 도화지(B5 : 16절지 크기) 1장, 사전활동용 흰 도화지 1장
- 흰색 크레파스, 신문지 적당량

활동방법

✐ **사전활동**
- 흰 도화지에 흰색 크레파스로 그림을 그리고 크레파스 자국이 드러나도록 색을 칠해 본다.
- 스펀지 찍기 틀을 가지고 모양과 색깔을 탐색해 보도록 한다.

✐ **본 활동**

[도 입]

- 교사는 책 모양 종이에 아동이 보지 않도록 '☆'를 그려 넣는다.
- 책 모양 종이를 보여주며 무슨 그림이 그려져 있는지 물어 본다.

교사 : 책에 무슨 그림이 그려져 있을까?

아동 : 아무것도 없어요.

- 교사가 그린 표시를 알려면 어떻게 해야 할지 이야기 나눈다.

교사 : 선생님이 하얀색 크레파스로 그림을 그려놨는데 보이지가 않네. 어떻게 해야 우리가 알 수 있을까?

아동 : 다른 색깔 크레파스로 그려봐요.

(한 아동이 나와서 다른 색 크레파스로 그려 보도록 하고 결과를 보도록 한다.)

교사 : 또 다른 방법이 있을까?

아동 : 물감으로 색칠해 봐요.

(또 다른 아동이 나와 물감을 칠해 보고 어떤 그림이 그려져 있는지 확인한다.)

교사 : 그렇구나, 흰색 크레파스로 그린 그림을 알아보려면 물감이 필요하구나.

[전 개]

- 스펀지 찍기 틀에 물감을 묻혀 찍어 보도록 한다.
  - 찍기를 해봤기 때문에 아이들이 자유스럽게 찍을 수 있도록 유도하고 색깔이 섞이지 않도록 주의를 기울인다.
- 물감을 찍으면서 어떤 글씨나 모양이 나오는지 살펴보도록 한다.

교사 : 물감을 찍으면 어떤 그림이 나올지 잘 살펴보자.

[마무리]

- 작품이 완성되면 아동이 원할 경우 게시할 수 있는 공간을 마련한다.
- 다른 종이에 흰 크레파스로 다양한 그림을 그리고 찍기활동을 할 수 있도록 한다.

유 의 점

- 3개의 스티로폼 접시에 부직포 패드를 깔고 3원색을 각각의 접시에 푼다.
  ※ 스펀지 찍기 틀에 물감을 묻혀 미리 찍어 보고 묽거나 되지 않도록 물감 농도를 조절한다.
  ※ 스티로폼 접시는 함께 쓰는 아동의 수에 따라 비좁지 않도록 크기를 유념하여 선택한다.
- 스펀지 찍기 틀의 높이는 5cm 정도로 아이들이 자아 물감을 찍어 손에 묻지 않아야 한다.

※ 동그란 모양을 자를 때는 모양을 주의해야 한다.
※ 물감은 나누어 쓰지만 찍기 틀은 사전활동에도 사용할 수 있도록 각 아동마다 3가지 모양이 할당되도록 한다.

평 가

물감놀이를 자주 못했던 아이들에게는 흥미로운 활동이었지만 탐색하는 시간에 약속에 대한 언급이 없어서 아이들이 많이 혼잡스러웠습니다. 다음에 활동을 제시할 때에는 예상되는 문제를 미리 생각하시고 아이들과 약속을 정해야 합니다. 이 점을 유념하시기 바랍니다.

4) 교재교구계획안

교재란 교육목표를 달성하기 위해 유아들이 학습할 내용이며 교수자료를 말한다. 교구란 교육활동에서 매체를 제시하는 구체물이며 학습내용을 여러 형태로 제시하는 데 쓰이는 물품을 이른다.

따라서 교재교구란 보육활동의 구체적인 교수매체로서 아동이 학습할 내용과 활동을 연결하여 스스로 자유선택활동 시간에 선택하는 물리적인 교육환경을 의미한다. 다시 말해서 교재교구는 보육의 내용과 질을 결정하기 때문에 목표에 따라 이를 제작하여 적절한 방법으로 아동들에게 제시하는 것은 실습생이 갖추어야 할 중요한 능력 중에 하나이다.

교구제작은 보육활동의 주제와 목표를 연관지어 교수자료를 연구하게 된다. 보육활동에서 교재와 교구는 주제와 관련하여 영유아들의 호기심을 증진시키므로 예비교사는 교재나 교구제작을 통하여 보육활동 주제와 목표를 바르게 이해할 수 있으며, 합리적이고 효율적인 보육활동을 구상하고 자료를 준비할 수 있게 된다.

교재교구제작 전에 지도교사와 상의하고, 교재교구계획안을 작성하여 제출한다. 교재교구계획안을 작성할 때에는 교재명이나 교구명, 목표, 재료, 제작과정, 활동방법, 확장활동 및 유의점 등을 기록한다. 지도교사나 원장이 예비교사가 제출한 교재교구계획안을 봄으로써 완성된 교재교구를 상상할 수 있도록 자세하게 기록하고 현재 진행 중인 활동과 잘 연관될 수 있는 교재교구를 제작하도록 한다. 완성하여 제출한 교재교구는 어린이집의 허락을 받고 사진을 촬영한 뒤, 계획안 사진란에 붙인다.

어린이집 사정마다 다르지만, 일반적으로 마지막 주에 게시판이나 환경판 구성을 하게 된다. 예비교사는 환경구성 시작 전에 지도교사와 상의하여 환경구성 계획표를 제출하고, 원장님의 승인을 받은 후 환경구성을 시작한다. 환경구성을 완성하고 사진을 촬영하여 일지에 붙이면 추후 좋은 자료로 사용할 수 있다. 환경구성 계획표에는 주제, 준비물, 준비제작 과정 등을 기록한다.

교구계획안

활 동 명 가을 빙고 게임
생활주제 가을
활동일시 20**년 5월 **일
집단형태 대·소집단
대상연령 만 4세
활동목표

- 가을에 볼 수 있는 것들을 관찰한다.
- 글자에 관심을 갖는다.
- 놀이의 규칙을 이해하고 지킨다.

주요재료 : 하드보드지, 색상지, 함석판, 코팅시트지, 종이자석, 칼

교구 제작방법

① 하드보드지를 18×18cm 크기로 전개도를 만든다.
② 하드보드지를 9×9cm 크기로 잘라 구멍을 낸 상자 4개를 만든다.
③ 색상지와 하드보드지를 이용하여 돌림판과 빙고판을 만든다.
④ 2번을 가운데 면에 고정시킨 후 함석판을 18cm로 잘라 1번의 네 면에 붙인다.
⑤ 함석판 위에 색상지로 만든 빙고판을 고정시키고 가운데 면의 네 상자 위에 돌림판을 고정시킨다.
⑥ 빙고판에 시트지를 붙이고 검정 테이프로 둘레를 붙여 마무리한다.
⑦ 색상지를 둥글게 잘라 코팅한 후 뒤에 종이자석을 붙여 칩을 완성한다.

활동방법

① 상자의 뚜껑을 연다.
② 네 명의 유아가 원하는 빙고판 앞에 앉는다.

③ 순서를 정해 돌림판을 돌린다.
④ 돌림판에서 가리키는 글자가 있는 아동은 자기 빙고판에 칩을 붙인다.
⑤ 가로나 세로, 대각선으로 한 줄이 되는 아동이 '빙고'라고 외치면 게임은 끝난다.

[도 입]

• 아침에 오면서 본 것들에 대해 이야기해 본다.

교사 : 너희들 아침에 어린이집에 오면서 무엇을 보았니?
아동 : 단풍잎이요. 하늘이요.
교사 : 그래, 그런 것들을 보았구나.

• 가을이 되면 생각나는 것들을 이야기해 본다.

교사 : 그럼 너희들이 이야기 했던 것 중에 가을에만 볼 수 있는 것들이 있니?
아동 : 허수아비요. 코스모스요. 밤이요. 도토리요.
교사 : 그래 그런 것들이 있어.

[전 개]

• 게임 상자를 소개한다.

교사 : 이 속에 너희들이 얘기한 것들이 있는지 살펴볼까? (보자기를 걷어서 상자를 보여준다.) 이 상자 속에 무엇이 들어 있을까?
아동 : 낙엽이요. 보물이요. 사탕이요.
교사 : 정말 너희들이 이야기한 것들이 들어 있는지 상자를 열어볼까? ㅇㅇ이가 나와서 열어 볼까?
교사 : 무엇이 보이니?
아동 : 게임판이요.
교사 : 우리 게임판에 어떤 그림들이 있는지 말해 볼까?
아동 : 허수아비요. 다람쥐요. 코스모스요.
교사 : 그래. 너희들이 이야기한 것처럼 가을에 볼 수 있는 것들이 그려져 있구나. 이 돌림판에도 같은 그림들이 그려져 있어. 그리고 이 상자 안에는 무엇이 있니?

[마무리]

• 가로나 세로, 대각선으로 한 줄이 되면 아동이 '빙고'라고 외치면 게임은 끝난다.
• 빙고가 안 된 아동이 원할 경우 게임을 진행하고 빙고 규칙을 알게 한다.

유 의 점

• 빙고의 성공 여부가 게임의 흥미를 좌우하므로 규칙을 잘 이해하게 한다.

평　　가

빙고라는 외침이 다소 혼잡스러울 수 있으므로 교사의 개입이 때때로 필요합니다.

〈표 3-5〉 ** 어린이집 7월 2째주 주간계획안 예시

주간보육계획안 (만 2세)

- 주 제 : 더워요.
- 소 주 제 : 내가 좋아하는 음식이 있어요.
- 목 표 : 여름을 시원하게 보내기 위해 먹는 음식을 경험한다.
  / 시원한 음식, 아이스크림을 탐색하고 많이 먹으면 배가 아픔을 안다.
- 실 시 기 간 : 20**년 7월 2주 (7월 6일~7월 11일)

<table>
<tr><th colspan="2">요일
구분</th><th>월(6일)</th><th>화(7일)</th><th>수(8일)</th><th>목(9일)</th><th>금(10일)</th><th>토(11일)</th></tr>
<tr><td rowspan="5">실내자유놀이</td><td>쌓기/대근육/음률</td><td colspan="6">• 아이스크림 가게 만들기 • '아이스크림' 음악 들으며 리본 막대 흔들기</td></tr>
<tr><td>역 할</td><td colspan="6">• 밀가루 반죽으로 아이스크림 만들기 • 쥬스 가게 놀이</td></tr>
<tr><td>조 형</td><td colspan="6">• 색 물병 만들기 • 음식 그림 붙이기</td></tr>
<tr><td>책보기</td><td colspan="6">• 〈꿀꿀이의 아이스크림 가게〉 손 인형 놀이 • 요리 화보로 만든 책 보기</td></tr>
<tr><td>탐 색</td><td colspan="6">• 촉감 아이스크림 느끼기 • 얼음탐색하기 • 아이스크림 조각 퍼즐 맞추기</td></tr>
<tr><td colspan="2">전 이 활 동</td><td colspan="6">• 노래 〈얼음과자〉 • 신체표현 〈우리 모두 다같이〉</td></tr>
<tr><td colspan="2">실외 자유놀이</td><td colspan="6">• 찰랑찰랑 물놀이(과일모형 씻기) • 얼음 띄워 보기</td></tr>
<tr><td colspan="2">점심 및 낮잠</td><td colspan="6">• 낮잠 동화 : 스팟이 바닷가에 갔어요. • 낮잠 음악 : 〈빗방울 전주곡〉</td></tr>
<tr><td colspan="2">오 후 활 동</td><td colspan="6">• 인형 목욕시키기 • 조개에 귀 대어 보기</td></tr>
<tr><td colspan="2">기본생활습관</td><td colspan="6">• 찬 음식 많이 먹지 않기</td></tr>
<tr><td colspan="8">〈 알리는 말씀 〉</td></tr>
<tr><td colspan="8">1. 이번 주에는 〈날씨가 더워졌어요〉라는 주제로 얼음 막대 그림그리기 등의 활동을 하며 더운 느낌, 시원한 느낌의 감각을 느껴 보았습니다.
2. 색 물병 만들기를 하기 위한 준비물을 지원받고 있습니다.
3. 매주 금요일은 이불 세탁을 하는 날입니다.
4. **부 ***선생님께서 새로 오셨습니다.
5. 무더운 날씨로 어린이집 일과 중 아이들이 땀을 많이 흘립니다.
매일 머리감기와 샤워를 시켜 주시기 바랍니다.
6. 7~8월 기간 동안 **어린이집 교직원들이 순차적으로 하계휴가가 진행됩니다.
각 반 문 앞에 담임교사의 휴가기간이 게시되어 있으니 참고하시기 바랍니다.</td></tr>
</table>

〈표 3-6〉 일일교육활동 예시

일 일 교 육 활 동

<table>
<tr><td colspan="2" rowspan="2">20**년 07월 **일 금요일 날씨 해</td><td rowspan="2">검인</td><td>실습교사</td><td>지도교사</td><td>원감</td><td>원장(시설장)</td></tr>
<tr><td></td><td></td><td></td><td></td></tr>
<tr><td>주 제</td><td>더워요.</td><td colspan="2">소주제</td><td colspan="3">내가 좋아하는 음식이 있어요.</td></tr>
<tr><td>목 표</td><td colspan="6">- 여름을 시원하게 보내기 위해 먹는 음식을 경험한다.
- 시원한 음식, 아이스크림을 탐색하고 많이 먹으면 배가 아픔을 인식한다.</td></tr>
<tr><td>행 사
및
지시사항</td><td colspan="6">이불, 베개, 잠옷 세탁</td></tr>
<tr><td>시간 및 활동명</td><td colspan="5">활 동 내 용</td><td>자료 및 유의점</td></tr>
<tr><td>7:00~08:20
등원
및
조용한 놀이</td><td colspan="5">- 선생님과 인사 후에 놀이를 하며 친구들을 맞이한다.</td><td>장난감</td></tr>
<tr><td>8:20~8:50
오전 간식
(아침대용식)</td><td colspan="5">- 주교사가 먼저 몇 명의 영아를 데리고 식당으로 올라간다.
- 다음 부교사가 몇 명의 그룹의 영아를 데리고 식당으로 올라가 식사를 한다.
- 식사를 다한 후 주교사 지도하에 몇 명의 영아가 내려가고 그 후 부교사가 차례차례 영아를 데리고 내려간다.</td><td>- 위생장갑
- 크린콜
- 어묵 김치국 밥, 깍두기</td></tr>
<tr><td>08:50~10:00
오전 실내
자유놀이</td><td colspan="5">〈인사나누기〉
- 식당에서 내려 온 영아는 자기의 열매 자리에 앉는다.
1. 영아는 선생님과 함께 인사 노래를 시작한다.
T : 안녕 안녕 친구들♬
C : 안녕 안녕 친구들♬
2. 영아 무슨 놀이가 있는지 듣는다.
T : 오늘은 열매반 친구들은 어제도 했던 쥬스 병도 꾸며 볼 거예요!
C : 네! 어제 저는 했어요!
T : 그래, 어제 안한 친구들은 해보자. 그리고 오늘도 쵸코맛 아이스크림, 딸기맛 아이스크림을 만들어 볼 거예요!!
C : 재미있어요!!
3. 놀이하기 전에 시작활동 행동을 말을 듣는다.
T : 그러면 오늘은 선생님이랑 놀이 시작해 보자!!
C : 네!!</td><td>- 인사 노래</td></tr>
</table>

<table>
<tr><th>시간 및 활동명</th><th>활 동 내 용</th><th>자료 및 유의점</th></tr>
<tr><td rowspan="4">08:50~10:00
오전 실내
자유놀이</td><td>〈탐색영역〉
활동명 : 여름 그림 퍼즐 맞추기
활동방법 : 1. 영아는 여름 그림 퍼즐에 관심을 갖는다.
T : 어 ~ 이건 무슨 그림이지?
C : 아이스크림 같아요.
2. 영아는 그림을 맞힌다.
T : 그러면 우리 한번 선생님이랑 같이 맞혀 볼까?
C : 네!!
3. 완성된 퍼즐의 그림을 말한다.
T : 완성했다! 이게 뭐지요?
C : 진짜 아이스크림 맞아요!!</td><td>- 여름 그림 퍼즐</td></tr>
<tr><td>〈조형영역〉
활동명 : 색 물병 꾸미기
활동방법 : 1. 영아는 어제 만든 색 물병을 탐색한다.
T : 이게 뭐지? 어제 친구들이 만든 물병이네.
C : ㅇㅇ꺼예요!!!
T : 그래, ㅇㅇ는 무슨 색이예요?
C : 빨간색이요!!
2. 영아는 색 물병을 원하는 스티커를 붙여 꾸민다.
T : 그래, 빨간색이구나! 그러면 ㅇㅇ물병에 스티커를 붙여 볼까?
C : 네네, 저는 바나나랑… 붙여야지.</td><td>- 과일그림 색지, 과일 스티커</td></tr>
<tr><td>〈책읽기영역〉
활동명 : 꿀꿀이 아이스크림 가게 그림책 보기
활동방법 : 1. 영아는 꿀꿀이 아이스크림 가게 그림책을 읽는다.
T : ㅇㅇ이, 이 책 읽고 싶어요?
C : 네.
T : 그러면 선생님이 읽어줄까요?
C : 네.
(꿀꿀이 아이스크림 가게 그림책을 읽는다.)
2. 영아는 꿀꿀이 아이스크림 가게 내용을 말한다.
T : 꿀꿀이 왜 배가 아팠지요?
C : 아이스크림을 너무 많이 먹어서요.
T : 몇 개를 먹었어요?
C : 3개요!
T : 그래요, 친구들은 아이스크림 몇 개 먹을 거예요?
C : 한 개요!!
T : 그래 우리는 한 개만 먹자!!!^^</td><td>- 꿀꿀이 아이스크림 가게 그림책</td></tr>
<tr><td>〈쌓기·음률 영역〉
활동명 : 쥬스 가게 만들기
활동방법 : 1. 영아는 벽돌로 쥬스 가게를 만든다.
T : 선생님 아이스크림 가게 만들어 봐야지요!
C : 저도 할래요.
T : 그래 그러면 무엇으로 만들까?
C : 벽돌이요!!</td><td>- 벽돌, 쥬스 모형</td></tr>
</table>

시간 및 활동명	활 동 내 용	자료 및 유의점
08:50~10:00 오전 실내 자유놀이	2. 영아는 벽돌로 만든 쥬스 가게 놀이를 한다. T : 우와 다 만들었다, 그러면 인제 우리 쥬스 팔아 볼까요? C : 네. T : 이거는 무슨 맛 쥬스예요? C : 딸기맛이예요.^^ T : 딸기맛 쥬스 하나만 주세요! C : 네!	
10:20~11:10 정리정돈 및 전이활동 휴식	활동명 : '무지개 물고기' 동화 듣기 활동방법 : 1. 정리 후 영아는 열매자리에 앉아 야외활동 나갈 준비를 한다. T : 멋쟁이 친구들 선크림이 얼굴에 쏙! C : 얼굴에 쏙!! 2. 열매 자리에 앉은 친구들은 선생님과 재미있게 놀이했는지 대화를 주고받는다. T : 친구들 오늘 친구들이랑 재미있게 놀았어요? C : 네! T : 그런데 선생님이랑 같이 온 물고기는 친구도 없이 혼자 지냈대요. 어떻게 된 건지 한번 들어볼까요?? C : 네!! 2. 교사가 준비한 무지개 물고기를 보여주며 들려준다. (교사는 융판 동화로 무지개 물고기를 들려준다.) 3. 무지개 물고기를 들은 후 이야기를 나눈다. T : 무지개 물고기 동화 잘 들었어요? C : 네! T : 무지개 물고기가 왜 혼자 지냈죠? C : 비닐을 안 나누어줬어요. T : 맞아요. 열매반 친구들도 친구가 내가 가지고 싶은 물건을 가지고 있으면 어떻게 해야 돼요? C : 빌려줄래? 라고 해야 돼요!! T : 맞아요!! 울면서 화내면서 말하는 게 아니라 웃으면서 빌려줄래? 라고 말하는 거예요. C : 네!! 4. 실외 활동을 위해 친구들은 이름 부르는 사람부터 나간다. T : 오늘은 해가 환하게 웃고 있으니깐 우리 바깥 놀이터 나갈 거예요. 이쁜 다리 하고 있는 사람부터 화장실에 가요!! C : 네!! 5. 바깥 놀이터에서 모래놀이는 하지 않는다는 말을 듣는다. T : 오늘은 모래놀이 안할 거예요. C : 네!! 6. 바깥 놀이터를 나가 원하는 놀이기구를 탄다. T : 선생님이랑 그네 탈 사람!! C : 저요.!! T : 그래, 그럼 오늘은 어디 갈까요?? C : 우리집이요!!	- 선크림, 무지개 물고기 융판 동화, 야외 놀이터

시간 및 활동명	활 동 내 용	자료 및 유의점
11:10~11:20 화장실 다녀오기 손 씻기	- 화장실에서 소변을 보고 얼굴 씻고 손 닦고 나온다.	
11:20~12:20 점심 및 이 닦기 대소변가리기	- 위생장갑을 끼고 영아가 골고루 섭취하도록 도와준다. - 다 먹은 영아는 책 읽기 영역에서 책 읽으면서 기다린다. - 다 먹은 영아는 스스로 정리할 수 있도록 도와준다.	- 수수밥, 순두부국, 돈육케첩조림, 호박새우젓 나물
12:20~14:50 낮잠준비 및 낮잠	- 교실에서는 차례대로 양치질과 소변, 얼굴을 씻고 그 후 옷(편한 옷)을 갈아입는다. - 영아들이 쉽게 잘 수 있도록 토닥여 주거나 책을 들려준다.	- 잠자는 음악 - 이불, 베개 - 칫솔, 치약
14:20~15:10 낮잠 깨기 및 화장실 다녀오기	- 일어난 영아의 잠옷과 이불, 베개를 세탁을 위해 가정으로 보낼 수 있도록 챙긴다. - 먼저 일어난 영아는 화장실에 들어가 소변을 본 후 손을 씻고 나온다.	- 이불, 베개, 잠옷 - 조용한 노래
15:10~15:40 오후 간식	- 위생장갑을 끼고 영아가 골고루 섭취하도록 도와준다. - 다 먹은 영아는 스스로 정리할 수 있도록 도와준다.	- 찐 옥수수, 우유
15:40~17:20 오후 활동	- 야외 놀이터 나가 원하는 놀이기구를 탄다.	- 야외 놀이터
17:20~18:00 추가간식 및 귀가 지도	- 간식이 오면 영아는 간식을 먹으면서 부모님을 기다린다.	- 마드레드, 요구르트
〈관찰일지〉	** / 여 / **는 오늘 실외 놀이터에서 활동하는 시간에 선생님과 산책을 하면서 고추를 따고, 익지 않은 조그만 감을 주었다. 그러고 나서 미끄럼틀도 타고 놀이하는데 **는 긴 고추를 아무렇지 않게 맛보았다. 맵지 않는지 물어봐도 괜찮다고 하였다. 다 놀고 교실 들어가는 시간에 **와 같이 들어가는데 ** 양말 속에 동그랗게 튀어 나와 있어서 "이게 뭐지?"라고 물어보니 **는 "감이야"라고 말하였다. "이걸 왜 여기에 넣었냐?"고 물어보니 "집에 가져갈 거야!"라고 대답하였다. 그 후에도 **는 그 감을 꼭 쥐고 있었고 감이 없어지면 울고 그랬다. 그런데 잠자고 난 뒤 화장실에 있다가 그 감이 밑으로 쏙 들어가 찾을 수 없게 되자 오후 실외 놀이터 시간에 또 다시 주워서 들어왔다.	
실습생 소감	전이활동 수업을 진행하였는데 생각보다 많이 못한 것 같아 아쉬웠습니다. 많이 연습하였는데도 아이들 앞에서 말하는 건 역시 어려운 일인 것 같습니다. 그래도 부분수업보다 전이활동 수업이 더 재미있었고 아이들이 저를 보면서 집중하는 모습 역시 너무 사랑스러웠습니다. 동화를 다 외워서 들려주지 못한 점이 많이 후회되며 올데이 때는 정말 한층 더 준비를 잘해서 오늘의 실수했던 점들을 하지 않도록 하겠습니다.	
지도교사 소감	유아를 조망하는 훈련이 필요합니다. 바른 언어활동이 이루어지도록 하는 방법이 요구됩니다.	

〈표 3-7〉 ** 어린이집 보육활동계획안 예시

보육활동계획안

<table>
<tr><td>학급명</td><td>**반(만 3세)</td><td>활동일시</td><td colspan="2">자유선택활동</td><td>시간</td><td>15~20분</td></tr>
<tr><td>생활주제</td><td colspan="2">동물</td><td>활동명</td><td colspan="3">이야기 나누기
(대집단 활동)</td></tr>
<tr><td>교육목표</td><td colspan="6">※ 즐겁게 동화를 듣는 경험을 한다.
※ 각 등장인물에 대한 특징을 배워본다.</td></tr>
<tr><td>준비물</td><td colspan="6">
(재료) 하드보드지, 시트지, 펠트지, 야쿠르트병, 색지</td></tr>
<tr><td>시 간</td><td colspan="5">활동내용</td><td>비고</td></tr>
<tr><td>5분</td><td colspan="5">도입
(주의집중) 아기돼지 삼형제 손유희를 시작하여 주의집중을 한다.
첫 번째 돼지가 집을 짓는데 짚으로 짚으로 집을 짓는데… 늑대가 나타나 훅~
T : 나무반! 친구들! 선생님이랑 어제 동물원에 사는 동물친구들에 대해서 이야기를 나누었었죠?
C : 전 아빠랑 엄마랑 동물원에 갔다 왔어요! / 난 기린도 봤고 호랑이도 봤어!
T : ㅇㅇ는 많은 동물들을 보았네요!
C : 네! 하마도 보고 코끼리도 보았어요! / 선생님 저는 동물원 안 갔어요!
T : 선생님이 나무반 친구들에게 동물음악대를 소개해 주려고 준비를 해왔어요.!
(브레멘 음악대 테이블 동화를 보여준다.)
C : 뭐에요? 뭐에요?</td><td></td></tr>
<tr><td>15분</td><td colspan="5">전개
T : 브레멘 음악대 동화 아는 친구? 있어요?
C : 저요! 저요!
T : ●●가 알고 있구나! 그럼 선생님이 다시 한 번 재미있게 동화를 들려줄게요!
C : 네!!/
교사는 테이블 동화를 유아들에게 들려준다.</td><td>※ 테이블동화 교구</td></tr>
</table>

시 간	활동내용	비고
	T : ☆★는 아는 동화구나! 근데 선생님이 ☆★이가 아는 이야기보다 훨씬 재미있게 이야기를 해줄 거에요! 동화 들려주기 전에 선생님과 약속할 게 있는데!…… 무슨 약속이 있을까요? C : 친구들과 떠들지 않기/ 돌아다니지 않기요~/ 옆에 친구 때리지 않기요. T : 우와! 나무반 친구들이 이야기한 약속 지킬 수 있어요? C : 네! /빨리 읽어 주세요. (테이블 동화를 들려준다.)	
5분	**평가 및 마무리** 선생님은 유아들에게 브레멘 음악대를 들려주고 난 후 동화내용에 대해서 다시 한 번 이야기해 본다. T : 친구들! 브레멘 음악대를 보고 어떤 게 제일 재미있었어요? C : 어! 그림자요!/ 나는 기타들고 가는 거요…. T : 어! 그림자하고 기타 나오는 게 재밌었어요? 그럼 어려웠었던 장면이나… 재미없었던 건 어떤 게 있을까요? C : 음악하는 거요!! T : 음악하는 거 말하는구나!! 음악대라는 것은 기타나 피아노, 멜로디언 같은 악기로 같이 연주를 하는 것이래요. 우리 다음에 나무반 친구들 선생님이랑 여러 가지 악기로 음악대를 만들어 볼까요? C : 네네! 선생님! T : 이제 간식 먹을 시간이네요! 우리 동물음악대 친구들처럼 재미있는 노래를 부르면서 손을 씻으러 갈까요? C : 네네! 선생님	
	〈해설〉 어린이 친구들 안녕하세요? 친구들 브레멘 동물음악대라고 들어보셨어요? 우리 동물 친구들이 어떻게 음악대를 하게 되었는지 우리 함께 지켜볼까요? 〈장면1〉 옛날에 주인을 위해 짐을 날라다 주는 당나귀 한 마리가 있었어요. 당나귀 : (짐을 옮기며…) 아이고, 아이고~ 힘들어~힘들어~…(일어서며 땀을 닦는다) 농장주인 : 뭐?!!!!!!!!!!! 힘들다고?? 그럼 당장 나가!!! 〈장면2〉 * 길을 걷던 중 길가에 버려진 기타를 발견한다.  당나귀 : (멜로디언을 들며) 앗!! 이건 기타잖아? (반갑게) 그래 이걸 들고 브레멘 음악대를 찾아가는 거야. 난 기타를 잘 치니깐 틀림없이 받아줄 거야!!	

시　간	활동내용	비고
	〈해설〉 당나귀는 힘을 내어 기타를 메고 길을 떠났어요. 얼마쯤 걸어가다가 힘없이 앉아 있는 늙은 사냥개를 만났답니다. 당나귀 : (반갑게) 안녕! 나는 당나귀라고 해. 히이잉~! 넌 누구니? 사냥개 : 안녕? 나는 사냥개야! 만나서 반가워! (멍멍) 당나귀 : 나도 만나서 반가워! 근데 넌 여기서 무얼 하고 있니? 사냥개 : 내가 나이를 먹고 늙어서 사냥을 못하게 되었더니 쫓겨나고 말았어. (멍) 그런데 넌 어디 가는 길이니? 당나귀 : 나는 지금 브레멘 음악대를 찾아가는 길이야. 사냥개 : 멍멍! 이야~! 나는 북을 잘 치는데 그럼 같이 가 볼까? 당나귀 : 그래 그럼 우리 같이 가자! 〈장면3〉 〈해설〉 당나귀와 사냥개는 함께 길을 걷다가 울고 있는 고양이를 발견했어요. 당나귀, 사냥개 : 안녕? 나는 당나귀. 나는 사냥개야. 사냥개 : 넌 누구니? (멍멍) 고양이 : 야옹~! 보면 몰라? 나 고양이야~! 당나귀 : 왜 우는 거야? (히잉~) 고양이 : 야옹~~ 쥐를 못 잡는다고 쫓겨나고 말았어. 야옹~ 사냥개 : (둘이 함께) 그럼 우리랑 같이 가자~! 고양이 : (반가워하며) 좋아!! 난 좋은 노래를 많이 알고 있거든. 당나귀 : 그래 가자! 〈장면4〉 〈해설〉신이 난 당나귀와 사냥개와 고양이는 함께 브레멘 음악대를 찾으러 떠났어요. 그런데 길을 가던 도중에 슬프게 울고 있는 수탉을 발견했어요.  수탉 : 꼬끼오~꼬꼬꼬꼬. 오오오오오~엉엉엉엉 엉엉. 당나귀 : 안녕! 나는 당나귀야! (히잉~) 고양이 : 안녕! 나는 고양이야! 야옹~ 사냥개 : 안녕! 나는 사냥개라고해 멍멍~~ 수탉 : 안녕! 나는 수탉이야. 꼬꼬댁꼬꼬꼬꼬 고양이, 사냥개, 당나귀 : (다같이) 만나서 반가워!!	

<table>
<tr><th>시 간</th><th>활동내용</th><th>비고</th></tr>
<tr><td></td><td>
당나귀 : 어?? 근데 왜 울고 있어??
수탉 : 우리 잠꾸러기 주인이 손님이 왔다고 나를 잡아서 먹겠대!!
다같이 : 헉~!
고양이 : 그래?? 그럼 너도 같이 가자~!
닭 : 그래 같이 가자!!

〈장면5〉
〈해설〉 당나귀와 사냥개, 고양이와 수탉은 즐겁게 노래를 부르며 다시 길을 가던 도중에 굉장히 크고 예쁜 집을 한 채 발견했어요.

〈장면6〉
(집안)
도둑1 : (자랑하듯이) 나는 오늘 이~만큼이나 훔쳐왔어!
도둑2 : (자랑하듯이) 이야~굉장한 걸?? 나도 이만큼이나 훔쳤어~!!
도둑1 : 우리 친구들한테 훔친 물건들을 모아볼까???
도둑2 : 그래!! 좋아!! (훔친 물건들을 보며) 우와~굉장히 많아!!

수탉 : (문을 두드리며) 똑똑똑똑~ 아무도 없어요? 꼬꼬댁 꼬꼬
당나귀 : (발뒤꿈치를 들며) 아무도 없나?!
고양이 : 없나 보지!! 야옹~!

사냥개 : 나무반 친구들 누가 있는지 보이나요? 멍멍.

도둑1 : (동물들의 말소리를 들으며) 아니?? 이게 뭔 소리야?
도둑2 : 친구들 우리가 도둑이라고 말하면 안돼요!

아이들. 동물들에게 가르쳐 준다. 도둑이에요 도둑!

수탉 : (깜짝 놀라며) 꼬끼오~도둑이래! 도둑도둑도둑
고양이 : (깜짝 놀란다.) 오~! 정말? 아이쿠~! 무서워!!
사냥개 : 도둑이 뭔데?!
당나귀 : 도둑들은 사람들 물건을 빼앗는 나쁜 사람들이잖아!!!
고양이 : 맞아 맞아 저 나쁜 도둑들을 혼내주자!!!

수탉 : 그림자를 합쳐서 괴물 모양을 만드는 건 어때?
</td><td></td></tr>
</table>

시 간	활동내용	비고
	사냥개 : 맞아 맞아~! 우리가 한꺼번에 내는 소리와 괴물 모양 그림자를 보면 무서워서 도망을 갈 거야!!! 고양이 : 그래~좋아! 당나귀 : (피드백) 친구들! 이제 우리가 도둑들을 혼내 줄 거에요. 모두 도와줄 거죠? 그럼 우리 다 같이 셋을 세어 봐요. 하나 둘 셋!!! * 고양이, 당나귀, 수탉, 사냥개는 그림자와 함께 소리를 지르며 집안으로 들어간다. 〈장면7〉 도둑1 : (놀래며) 저 그림은 뭐여?!? 아무래도 괴물 같아!! 도둑2 : (주변을 살피며) 이상한 소리도 들려! * 동물들이 소리를 내며 도둑들을 쫓아간다. (그림자와 같이) 도둑1,2 : 으악!!!! 사람 살려!!! 도망가는 음악 나오고 도둑들은 정신없이 도망간다. 〈장면8〉 〈해설〉 깜짝 놀란 도둑들은 후다닥 도망갔어요. 그리고 고양이는 문 뒤에, 사냥개는 난로 앞에, 수탉은 시계 위에, 당나귀는 마굿간에 누워 쿨쿨 잠이 들었어요. 도둑1 : 뭐야!! 그건 뭐였지?? 헉헉.. 도둑2 : 나도 몰라! (몸서리치며) 아이고~ 무서워라! 도둑1 : 너무 놀라서 훔친 물건들도 못가지고 나왔잖아~! 도둑2 : (집 쪽을 둘러보며) 이제 조용해진 것 같으니깐 다시 물건들을 되찾아오자! 도둑1 : 그래!! 그러는 게 좋겠어!!! 〈해설〉 도둑들은 훔친 물건들을 되찾으러 다시 집으로 들어갔어요. 그런데 깜깜해서 아무것도 보이지 않았어요. 〈장면9〉 도둑2 : 살금살금 도둑1 : 조용조용 도둑2 : (두리번거린다) 〈장면10〉 ** 도둑1이 걷다가 고양이 꼬리를 밟는다. 고양이는 야옹~하고 소리를 지른다.	

시 간	활동내용	비고
	고양이 눈이 노랗게 반짝이고 도둑의 눈을 할퀸다. 강아지는 도둑의 다리를 꽉 깨문다. (멍!) 수탉은 부리로 콕콕 쪼아대며 당나귀는 힘차게 뒷발질을 한다. 도둑1 : 사람 살려~!!! (도망친다) 도둑2 : 너만 가냐!! 나도 같이 가자!! (쫓아간다)	
	** 도둑1 가다가 넘어지고 도둑2 도둑1의 발에 걸려 넘어지고 다시 일어나서 도망간다. 〈장면11〉 동물들 : 하하하하~ (배를 잡고 웃는다.) 당나귀 : 나는 이 집이 너무 좋아~! 사냥개 : 나도 그래!! 우리가 함께 지킨 집인걸?! (멍멍!~) 고양이 : 사실은 나도 이 집을 놔두고 떠나기 싫었는데…(야옹~) 당나귀 : 그럼 우리 이렇게 하는 게 어때? 수탉 : 어떻게? 당나귀 : 우리끼리 음악대를 만들자!~ 세상에서 가장 멋진 음악대 일거야! 수탉 : 그거 참 멋진 생각이야!! 〈해설〉 : 동물들은 브레멘에 가지는 않았지만 브레멘 음악대라 이름을 지었어요. 그리고 자신들이 지킨 집에서 사이좋게 살며 노래를 부르고 하루하루를 즐겁게 살았답니다. 막이 닫힌다. 〈해설〉 : 어린이 친구들 브레멘 동물이야기 재미있게 봤나요? 그럼 우리 동물들에게 혼이 난 도둑들은 어떻게 되었는지 볼까요?  도둑 – 앉아 있는다. 도둑1 : 그러기에 친구들 물건 뺐지 말자고 그랬잖아! 도둑2 : 미안하당께롱롱롱. 우리도 이제 착하게 살자. 도둑1 : 친구들!! 친구들도 선생님 말씀 잘 듣고 친구랑 싸우지 말고 사이좋게 지내요~! 도둑2 : 아니면 브레멘 동물 친구들에게 혼나요.	

〈표 3-8〉 ** 어린이집 교구계획안 예시

교구계획안

<table>
<tr><td>교 구 명</td><td colspan="3">믹서기 & 쥬스 컵, 빨대
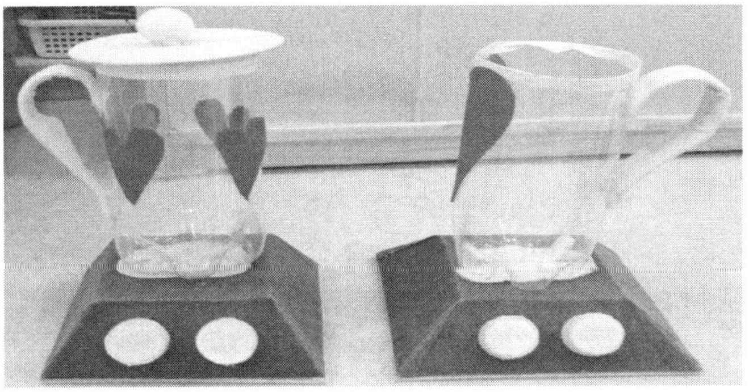</td></tr>
<tr><td>주 제</td><td>시원한 음료수를 만들어 보아요</td><td>관 련 영 역</td><td>역할놀이</td></tr>
<tr><td>대상연령</td><td>만 2세</td><td>수 준</td><td>만 2~4세</td></tr>
<tr><td>목 표</td><td colspan="3">- 상호작용을 하며 언어·사회 발달을 돕는다.
- 믹서기 교구를 활용하며 소근육 발달을 돕는다.</td></tr>
<tr><td>재 료</td><td colspan="3">믹서기 : 페트병, 다양한 색의 펠트지, 글루건, 가위, 뽕뽕이, 찍찍이, 하드보드지, 테이프, 칼
쥬스 컵 & 빨대 : 1회용 플라스틱 컵, 펠트지, 나무젓가락, 글루건, 가위</td></tr>
<tr><td>교 구 제 작 방 법</td><td colspan="3">〈믹서기〉
1. 페트병의 윗부분을 칼로 자른 후 날카로운 부분은 색 테이프로 마감 처리한다.
2. 하드보드지로 믹서기의 본체 전개도를 만들어 이어 붙인다.
3. 하드보드지를 펠트지로 감싼 후 페트병과 맞물리게 될 면에 보들이를 붙인다.
4. 펠트지로 감싼 페트병 뚜껑을 본체에 붙여 버튼을 만든다.
5. 페트병에 펠트지로 손잡이를 만들고 밑바닥에 까끌이를 붙인다.

〈쥬스 컵 & 빨대〉
1. 1회용 플라스틱 컵을 펠트지로 꾸민다.
2. 나무젓가락을 펠트지로 감싸 글루건으로 마무리한다.</td></tr>
</table>

활동 방법	도 입	1. 시원한 쥬스, 믹서기에 대한 이야기를 나눈다. - 쥬스를 먹어 보거나 믹서기를 본 경험 T : 냠냠냠 꼴깍꼴깍 시원한 쥬스 마셔봤니? C : 네! T : 어떤 맛 쥬스를 먹어봤니? C : 딸기맛이요. T : 딸기맛 쥬스? 이 믹서기는 딸기를 이렇게 넣고 이걸 꾹 누르고 위잉 하고 갈면 짜잔 맛있는 쥬스를 만들어 주는 기계야. C : 우와. 나도 해볼래요.
	전 개	2. 역할놀이에 믹서기 교구를 사용한다. 〈가게놀이〉 - 교사가 손님일 때 T : 아이 더워, 똑똑 이 가게에 혹시 시원한 쥬스 팔아요? C : 네. 무슨 맛이요? T : 딸기맛 쥬스요. C : 잠시만요. 여기요. T : 꼴깍꼴깍. 음 딸기맛 쥬스 너무 맛있다. 어떻게 만든 거죠? C : 딸기를 여기에 이렇게 넣고 위잉 하면 돼요. T : 그렇구나. 너무 맛있고 시원해요. 고맙습니다. 또 올게요. C : 네! 또 오세요.
	평 가 및 마무리	3. 역할놀이 후 어떠한 활동을 했는지 이야기 나눈다. T : 오늘 가게 온 친구들한테 어떤 거 주었어요? C : 쥬스 T : 무슨 맛 쥬스 주었어요? C : 딸기맛 / 초코맛 T : 딸기맛 쥬스랑 초코맛 쥬스 어떻게 만들어 주었어요? C : 저기에 넣고 위잉 해서 만들어 줬어요. T : 우와 정말 맛있었겠구나. 4. 활동을 마친 후 정리정돈을 한다.
확 장 활 동 및 유 의 점	- 믹서기로 야채 쥬스 만들기	

〈표 3-9〉 ** 어린이집 교재교구계획안 예시(1)

교재교구계획안

<table>
<tr><td>교 구 명</td><td colspan="3">'여름에 볼 수 있는 것' 원판 책

</td></tr>
<tr><td>주 제</td><td>여름에 볼 수 있는 것</td><td>관 련 영 역</td><td>책보기 영역</td></tr>
<tr><td>대상연령</td><td>만 2세</td><td>수 준</td><td>만 2~3세</td></tr>
<tr><td>목 표</td><td colspan="3">- 상호작용을 하며 언어·사회 발달을 돕는다.
- 여름에 대해 탐구해 볼 수 있도록 한다.</td></tr>
<tr><td>재 료</td><td colspan="3">펠트지, 글루건, 색연필, 가위, 도화지, 코팅지, 우드락, 네임펜, 핀</td></tr>
<tr><td>교구 제작 방법</td><td colspan="3">1. 우드락으로 원판을 만든다.
2. 원판을 펠트지로 감싼 후 바느질 한다.
3. 원판을 꾸민다.
4. 도화지를 원판에 맞추어 오린 후 7등분 한다.
5. 7등분한 칸에 각각 여름에 볼 수 있는 것들을 그린다.
6. 도화지를 코팅한다.
7. 할 핀으로 코팅한 도화지와 꾸민 원판을 잇는다.</td></tr>
</table>

<table>
<tr><td rowspan="3">활 동
방 법</td><td>도 입</td><td>1. 여름에 대해 이야기 나눈다.
T : 여름이 되면 날씨가 어떠니?
C : 더워요.
T : 맞아, 햇님이 떠서 더워. 그런데 여름에는 비도 많이 온대.
C : 비와요?
T : 응 비가 주룩주룩 많이 온대. 그럴 때 우린 뭘 쓰지?
C : 우산.
T : 우산 쓰지? ㅇㅇ이 우산은 무슨 색이니?
C : 빨강색.
T : ㅇㅇ이 우산은 예쁜 빨강색이구나. 비 오는 날 얼마나 예쁜 우산인지 선생님 꼭 보여주렴.
C : 네!</td></tr>
<tr><td>전 개</td><td>2. '여름에 볼 수 있는 것들' 원판 책 보면서 이야기 나눈다.
T : 햇빛은 쨍쨍 모래알은 반짝. 우와 여긴 어디야?
C : 바다
T : 시원한 바다네. ㅇㅇ는 바다에 가본 적 있니?
C : 엄마랑 아빠랑 바다에 갔어요.
T : 바다에 가서 뭐했어?
C : 어푸어푸
T : 어푸어푸 수영 했구나.
C : 네 어푸어푸 수영 했어요.
T : 그럼 또 어떤 것을 볼 수 있는지 돌려볼까? 샤샤샥
C : 선풍기!
T : 맞아, 시원한 바람이 나오는 선풍기다.
C : 우리 집에도 있어요.
T : ㅇㅇ이네 집에도 시원한 선풍기가 있구나.</td></tr>
<tr><td>평 가
및
마무리</td><td>3. 원판 책에서 본 것들을 이야기해 본다.
T : 우리 원판 책에서 어떤 것들을 보았지?
C : 바다!
T : 시원한 바다를 보았지. 또 어떤 것들을 보았지?
C : 수박!
T : 맞아, 냠냠냠 달고 시원한 수박도 보았었어.

4. 책을 다 본 후 제자리에 정리한다.</td></tr>
<tr><td>확 장
활 동 및
유 의 점</td><td colspan="2">- 바다 그려보기
- 아이스크림 만들어 보기</td></tr>
</table>

〈표 3-10〉 ** **어린이집 교재교구계획안 예시(2)**

교재교구계획안

<table>
<tr><td>교 구 명</td><td colspan="3">과일 퍼즐 맞추기</td></tr>
<tr><td>주 제</td><td>여름 음식</td><td>관 련
영 역</td><td>수조작영역</td></tr>
<tr><td>대 상
연 령</td><td>만 3세</td><td>수 준</td><td>만 3세~4세</td></tr>
<tr><td>목 표</td><td colspan="3">여름과일에는 어떤 것들이 있는지에 대하여 이야기를 나누고 여름과일의 종류에 대하여 알고 그림을 보고 퍼즐을 맞춰 봄으로써 소근육이 발달된다.</td></tr>
<tr><td>재 료</td><td colspan="3">하드보드지 4장, 초록, 검정, 노랑, 흰색, 보라, 분홍색 색지, 풀, 가위, 칼, 자, 시트지, 연결고리, 펀치, 과일사진</td></tr>
<tr><td>교 구
제 작
방 법</td><td colspan="3">

1. 하드보드지를 자른다(반으로 나눠서 끝부분은 둥글게 자른다).
2. '과일퍼즐맞추기' 글자를 뽑아서 색지에 그린 후 자른다.
3. 첫 번째 표지에 글자를 붙인다.
4. 과일(수박, 참외, 포도, 복숭아) 모양을 자르고 꾸민다.
5. 퍼즐 조각을 6조각 정도로 나눈 후에 자른다.
6. 색지에 퍼즐 조각 그림자를 똑같이 그린 후 테두리를 매직으로 그려 준다.
7. 하드보드지에 과일사진과 글자를 붙인다.
8. 과일그림과 글자를 붙인 후 옆에 색지 퍼즐 조각 그림자를 붙인다.
9. 과일그림과 글자, 퍼즐 그림자를 붙인 후에 시트지로 감싸준다.
10. 과일 퍼즐 조각을 하드보드지에 대고 과일 그림을 붙인 후 퍼즐 조각에 맞게 똑같이 오려준다.
11. 자른 퍼즐 조각을 시트지로 감싸준다.
12. 찍찍이를 오려서 퍼즐 조각과 퍼즐 그림자에 붙여준다.
13. 완성된 하드보드지에 펀치로 구멍을 낸 후 연결고리로 이어준다.</td></tr>
</table>

활동 방법	〈도입〉 - 손유희 – '커다란 수박'으로 주의집중 시킨다. - 여름과일에는 어떤 것들이 있는지 이야기를 나눈다. 〈전개〉 - 여름과일로 스무고개를 하여 정답을 맞힐 수 있도록 한다. - 여름과일 사진을 보여준다. - 여름과일 퍼즐 맞추기를 소개한 후 아이들과 함께 해본다. 〈마무리〉 - 오늘 한 활동에 대해서 이야기를 나눠본다. - 퍼즐 조각을 수조작영역에 놓는 대신에 지켜야 할 약속과 퍼즐 관리에 대하여 이야기를 나눈다.
확장 활동 및 유의점	- 친구들과 게임을 하여 누가 먼저 퍼즐을 맞추는지 시합을 해본다. - 여름과일의 특징에 대하여 알아본다. - 퍼즐을 잃어버리지 않도록 놀이한 후 제자리에 정리하도록 한다.

5. 보육실습일지

예비교사는 실습한 내용을 일지에 기록한 후 자신의 도장을 먼저 찍고, 지도교사에게 실습일지를 제출한다. 주제, 보육목표, 지시사항, 활동시간 및 활동명, 활동내용, 학습효과, 유의점, 실습생 소감 및 지도교사의 조언 등을 포함하여야 한다.

1) 주 제

하루의 활동을 포괄할 수 있는 큰 주제명으로, 어린이집에서 받은 주간교육계획안과 일치하도록 기록한다.

2) 보육목표

지도교사의 수업을 참관하며, 주제와 활동을 통해 유아에게 기대되는 내용을 구체적이며 명확하게 기록한다.

3) 지시 및 협의사항

지도교사 및 원장님의 지시나 협의사항을 간단히 기록하여, 다음날 실습에 반영하도록 한다.

4) 활동시간 및 활동명

수업을 참관하며 하루 일과를 시간별로 나누어 기록하고, 시간에 활동한 활동명을 기록한다.

5) 활동내용

지도교사의 교육방법, 활동의 구체적인 내용, 영유아 지도방법, 영유아의 반응 등을 자세하게 기록한다. 특히 대집단 활동을 기록할 때에는 활동의 도입·전개·마무리로 나누어, 활동내용 및 교사의 영유아의 주된 상호작용도 함께 기록한다. 활동 중인 사진이나 활동의 결과물을 사진으로 찍어 일지에 첨부하는 것도 추후 좋은 자료가 된다.

6) 기대되는 학습효과

보육목표와는 달리 한 가지의 활동을 통하여 교육적 효과나 활동 수행의 가치에 기대되는 것을 기록한다.

7) 유의점

활동에 필요한 자료를 구체적으로 기록하고, 유의해야 할 사항이 있으면 기록하여야 한다. 특히 안전에 관련된 것은 빠짐없이 기록한다.

8) 실습생의 소감

하루 일과와 실습내용, 보육활동 전반에 관한 소감과 아동들과의 상호작용에서의 반응 정도, 반성, 결심 등을 기록한다.

9) 지도교사의 조언

지도교사는 예비교사가 기록한 일지의 내용을 참고하여 수업 및 영유아 지도 등에 대해서 조언과 전달 및 지시사항뿐 아니라 격려사항도 기록한다.

〈표 3-11〉 **보육일지 예시**

보 육 일 지

실습생	지도교사	시설장

학 급 명	**반 (만 2세)	지도교사	***	일 시	20**년 4월 **일 수요일
목 표					
일 과 활 동	**활동목표**	**활 동 내 용**		**준 비 물**	**평 가**
8:00~9:00 등원 및 건강관찰	·반갑게 친구들을 맞이한다.	밝은 미소로 영아를 맞이하고 보호자에게 영아의 상태를 듣는다(기분, 건강 등) 점검			**가 약속한 대로 엄마와 손을 잡고 등원함.
9:00~10:00 실내자유 선택활동	·차례차례 줄을 설 수 있다. ·색깔이름을 말해 본다.	▶발자국 따라 걸어요!(신체운동) ·여러 가지 발자국이 있네. 한 번 따라가 볼까? ·따라가니 한줄 기차가 되었네 ·어떤 색깔의 발자국에 서 있니?		색깔 발자국	교사가 앞에 선 후 친구들을 뒤에 따라오게 한 후 친구들이 한 줄 기차가 되었을 때 이야기해 봄. 또 그대로 멈춰라 노래를 부르며 멈춰 있을 때 서 있는 발자국 색깔을 이야기해 보게 했지만 색깔의 정확한 인지는 아이들마다 다소 차이가 있었으며 한줄 기차에만 관심을 더 보임. 색깔인지는 천천히 자연스럽게 시도해야겠다.
	·소근육을 발달시킨다.	▶인형 머리 빗겨 주기(사회관계) ·여기 인형이 있구나. ·빗을 이용, 머리를 빗겨 본다. ·어떤 느낌이 드는지 이야기한다. ·제자리에 정리한다.		인형, 머리빗, 분무기	인형을 준비해 머리 빗길 때의 느낌 등을 이야기하게 해 보았지만 인형보다 친구머리나 선생님 머리 빗기기에 더 흥미 있어 해서 서로 빗겨주기를 함.
	·봄이 왔음을 알고 꽃을 접어 본다.	▶색종이 접어 꽃 만들기(예술경험) ·바깥놀이에서 본 것 이야기하기 ·색종이를 구겨 또는 세 번 접어 꽃 표현하기 ·봄동산 꾸며 보기 ·도움 받아 정리하기		스케치북, 색종이, 풀, 크레파스	아이들의 연령을 고려해 접을 수 있는 친구와 그렇지 못한 친구를 위해 구겨서 꽃을 표현하는 두 가지 방법을 사용해 보았다. 어제와는 달리 '못해요'라고 말하는 친구들이 없었다.
10:00~10:30 정리 및 오전 간식/전이활동	·다양한 음식을 맛본다.	음악을 들으며 선생님의 도움을 받아 정리한다. 손을 깨끗이 씻은 후 간식을 먹는다.		오전 간식	유**는 치즈를 먹지 않겠다고 함.
10:30~10:50 대·소집단활동	·노래를 즐겨 부른다.	▶노래 – 원가 ·손인형을 가지고 도입한다. ·노래 들어보기 ·허밍으로 따라하기 ·간단한 음 따라하기		노래판 손인형	새노래를 배워보았지만 익숙하지 않은 듯 잘 따라 부르지 않음. 마지막 부분에서만 큰소리로 부른다. 등원할 때 노래를 틀어놓아 자연스럽게 익힐 수 있도록 해야겠다.

일 과 활 동	활동목표	활 동 내 용	준 비 물	평 가
10:50~11:00 정리정돈/ 대·소변가리기	·차례차례 줄을 서서 화장실에 다녀올 수 있다.	선생님의 도움을 받아 정리정돈 후 영아에 따라 화장실에 다녀오게 한다. ▶차례차례 줄을 서요	그림자료	이야기를 하는 도중 화장실로 먼저 뛰어가는 친구가 있어 다소 산만해져 이야기를 하지 못함. 다시 평가시간에 해야 할 것 같음.
11:00~12:00 실외자유선택 활동	·숨바꼭질놀이를 해본다.	▶숨바꼭질(까꿍놀이)하기 ·이야기한 후 선생님 찾아보기 ·여기 있다 까꿍 ·이번엔 친구를 찾아볼까? *위험한 곳에 가지 않기 약속하기		찾았을 때 찾은 친구만 '까꿍'하고 말하기로 약속했지만 한 친구를 찾으면 모두 나와 '까꿍'을 외친다.
12:00~13:00 손 닦기/점심 및 이 닦기		깨끗이 손을 닦은 후 맛있게 점심을 먹는다. 점심식사 후 양치하기 혼자 점심식사 할 수 있다	점심식사	
13:00~15:30 낮잠 및 낮잠깨기/ 대·소변가리기		낮잠준비를 하고 조용한 음악이나 자장가 또는 준비된 동화를 듣는다. ▶음악감상 – 비발디의 사계 중 봄 ▶꽃과 곤충(자연관찰책)	CD, 동화책	준비된 책을 읽으려 하자 **가 빨강망토 책을 가져와 읽어달라고 함. 준비된 책은 귀가 시 보기로 함.
15:30~17:30 오후 간식 및 실내·외 자유선택활동	·오전 활동을 자연스럽게 반복해 본다.	손을 씻겨주거나 손을 씻을 수 있게 한 후 간식을 먹을 때 포크나 수저를 사용하여 스스로 간식을 먹을 수 있게 한다.	오후 간식	
		실내 – 오전에 계획된 활동 반복 실외 – 주변 산책(꽃구경) ▶체육특별활동 ▶기글스 시청(20~30분)		오전에 만든 꽃과 연결하여 산책 시 자신이 만든 꽃과 같은 것을 찾아보기로 했더니 훨씬 관심을 보이며 꽃을 탐색함.
17:30~20:00 귀가준비 및 귀가	·나무 심는 과정에 대해 배운다.	귀가준비 및 영아와 개별적으로 놀이한다. 부모와 영아의 상태에 대해 이야기하고 귀가인사를 나눈다. ▶식목일에 무엇을 할까?(의사소통) ·내일 실시할 식목행사와 관련하여 그림자료를 보여주며 이야기하기 ▶동화듣기	그림자료, 동화책	그림자료를 보며 나무 심는 과정을 살펴보았다. 그림자료보다는 교사가 하는 말을 반복해서 따라함.
일 일 평 가	다양한 활동을 준비했지만 교사가 주도하는 활동에 몰려와 소그룹이 아닌 대그룹이 되었다. 다양한 활동에 매력 있는 교구를 준비해야겠다.			
출 석 원 아	7명	결 석 원 아		

04

보육실습의 평가

1. 교육활동평가
2. 실습평가서
3. 자기평가

1. 교육활동평가

평가를 받게 된다면 기대한 만큼의 좋은 결과를 바랄 것이고 또 열심히는 했는데 결과에는 자신이 없다는 반응도 있을 것이다. 또 최선을 다하지 못해서 결과가 나쁠 것 같다고 예상하며 불안해하고 스트레스를 받기도 하지만 평가과정을 통해서 자신을 돌아보며 성장하고 발전할 수 있는 기회가 될 수 있다.

보육실습의 평가도란 실습생의 자기 발전을 위해서 꼭 필요한 과정이다. 실습기간 동안의 자신을 객관적으로 바라보며 어떤 장점과 단점을 가지고 있고 앞으로 어떻게 고치거나 더 발전시킬지에 대한 계획도 세울 수 있다.

따라서 실습의 평가는 실습생 자신의 평가뿐만 아니라 실습 지도교수(대학)와 실습기관에서의 원장, 지도교사 등 모든 실습 참여자들에 의해 이루어져야 한다.

보육실습을 평가하는 목적은 실습생들로 하여금 보육교사가 되기 위하여 전문적인 지식과 자질을 키우는 데 있지만 다음과 같은 효과도 얻게 된다(박낭자 외 8인, 2006).

- 교사가 되기 위한 실습생의 자기 발전의 정도를 파악한다.
- 실습생들에게 교사가 되기 위한 동기를 갖게 한다.
- 실습활동에 대한 필요성과 효과 지도 원칙에 대해 검토하고 개선점을 찾는다.
- 실습기관에 대한 정보와 자료를 제공받을 수 있다.
- 보육교사 자격 취득을 위한 학과목 이수를 인정받게 된다.

대학에서 정규실습(본 실습)이 끝난 후에 보육실습기관에서 작성한 실습평가서와 실습생이 제출한 실습일지와 각종 자료, 실습기관 방문지도 후의 지도교수 평가자료에 근거하여 최종 평가를 한다.

1) 실습생의 자기평가

보육실습의 평가단계에서 주목해야 할 부분은 보육실습이 얼마나 성공적으로 이루어졌는가이다. 대학이나 실습기관에서 철저히 관리하고 효율적으로 보육실습을 실시하였다면 당연히 성공적인 결과가 나올 것이다. 그러나 성공 여부의 중요한 요인은 실습생이 얼마나 열의를 가지고 스스로 노력하는가이므로 효과를 극대화하기 위해서는 실습생의 자기평가 과정이 필요하다.

다음은 몇 가지 범주에 의하여 평가의 항목을 정리한 것이다(이선경 & 이은정, 2008).

(1) 교육활동에 대한 수행능력

- 교육활동 목표에 적합한 계획을 수립하였는가?
- 정확하고 세밀한 교육계획안을 작성하였는가?
- 필요한 교육자료와 교구를 충실히 준비하였는가?
- 도입, 전개, 마무리와 같은 체계적인 교육방법을 실행하였는가?
- 아동의 반응에 맞게 적절하게 대응하였는가?
- 아동의 관찰, 조사 결과를 실제 지도에 활용하였는가?
- 적당한 시기에 활동에 대한 평가방법을 사용하였는가?
- 교실 내의 정리정돈과 환경구성에 노력하였는가?

(2) 실습기관에 대한 준수사항

- 실습생으로서의 바른 자세와 품위를 유지했는가?
- 출퇴근에 관한 준수사항을 지켰는가?
- 원장 및 지도교사와의 관계가 원만하였는가?
- 실습기관의 보육방침을 이해하고 적극적으로 협력하였는가?
- 각 활동에 따른 지도교사의 평가를 숙지하고 지도에 따랐는가?
- 각종 문서를 정확히 기록하고 보관하였는가?

(3) 아동에 대한 준수사항

- 학급 내의 아동을 잘 파악하고 아동의 개성을 존중하여 사랑으로 대하였는가?
- 아동에게 공평하게 대하였는가?
- 아동에게 모범이 되는 생활태도를 보였는가?

2. 실습평가서

실습기관의 원장이나 지도교사는 대학에 제출할 실습생 평가서를 기록할 때 많은 생각으로 주저하게 된다. 보육교사 역할에 필요한 능력과 자질을 생각하면 객관적으로 점수를 주어야 한다.

이런 평가의 단계에서 실습기관이 지켜야 할 사항은 다음과 같다.

- 실습 기간 동안 실습생을 주의 깊게 지속적으로 관찰한 평가기록을 보관하여야 한다.
- 보관한 자료를 근거로 충실히 검토하여 타당성과 신뢰성이 있는 평가를 해야 한다.
- 인간적인 감정이나 형식적인 평가에 그치지 말고 정확한 기준에 맞춰 평가해야 한다.

〈표 4-1〉 실습생 평가서 예시

<table>
<tr><td colspan="3">실습생 평가서

실습생 이름 : 실습기간 : 년 월 일 ~ 월 일</td></tr>
<tr><th>평가영역</th><th>평 가 관 점</th><th>소계/배점</th></tr>
<tr><td>근 무
태 도</td><td>1. 출근해야 하는 날 (20)일
2. 결근 ( )일
3. 지각, 조퇴, 외출 ( )일
· 결근 1회 2점 감점
· 지각, 조퇴, 외출 1회에 각 1점 감점</td><td>( )/10점</td></tr>
<tr><td>자
질</td><td>1. 직무에 대한 책임감과 열의 (5점)
① 직무에 대한 책임감이 강하며, 매사에 성실하게 임하고 있는가?
② 교사, 동료, 아동으로부터 신망을 받고 있는가?
③ 보육교사에 흥미를 느끼고 열성적으로 임하는가?
2. 용모, 언행 및 교양 (5점)
① 용모 및 언행이 단정한가?
② 일반교양 및 전문지식이 풍부하며, 교사로서의 품위를 갖추고 있는가?
3. 보육에 대한 신념 (5점)
① 바람직한 아동관과 교직관이 세워져 있는가?
② 교직을 천직으로 여기려고 하는가?</td><td>( )/15점</td></tr>
<tr><td>보육활동
지도능력</td><td>1. 보육활동 준비 및 계획 (20점)
① 교재 연구는 잘 되어 있는가?
② 교구는 잘 준비되어 있는가?
③ 보육활동계획안은 각 내용이 적절하고, 충실하며, 조리 있게 기술되어 있는가?
2. 보육활동 지도 기술면 (20점)
① 보육활동을 자신 있게 진행하는가?
② 아동의 상태를 잘 파악하고, 아동과의 협력적인 활동을 전개하고 있는가?
③ 사용하는 용어와 설명요령이 적절한가?
3. 보육활동 평가면 (10점)
① 아동의 활동에 대한 평가는 적절한가?
② 현장보육실습에 관한 제반사항을 면밀히 기록하며 반성적인 검토를 하고 있는가?</td><td>( )/50점</td></tr>
</table>

평가영역	평 가 관 점	소계/배점
연구조사 활 동	1. 연구태도 (5점) ① 교직에 대한 제반사항을 자진하여 알려고 노력하는가? ② 현장보육실습에 관한 제반사항을 면밀히 기록하며 반성적인 검토를 하고 있는가? 2. 연구능력 (5점) ① 제반업무에 창의성을 발휘하고 있는가? ② 제반사항을 면밀히 관찰하고 검토하고 있는가? 3. 보육이론의 적용 (5점) ① 보육이론에 대하여 기초가 튼튼한가? ② 보육이론을 적용하려고 노력하며, 보육학에 대하여 이론적인 검토를 하고 있는가?	( )/15점
학급경영 및 사무처리 능 력	1. 환경구성능력 (4점) ① 학급환경구성을 창의적으로 하고 있는가? ② 학급경영안의 작성요령 및 경영방침 등을 잘 습득하였는가? 2. 아동의 관리 및 지도력 (3점) ① 아동의 개성을 잘 파악하여 개성에 알맞은 지도를 행하는가? ② 학급의 아동을 잘 지도하여 바람직한 분위기를 조성하고 있는가? 3. 시설 및 학급사무처리 능력 (3점) ① 제반 지시사항을 기한 내에 수행하는가? ② 지도교사 및 기타 교직원에게 협조적인가?	( )/10점
총 평		총점 ( )/100점

위 사실을 증명한다.

년 월 일

장 (직인)

3. 자기평가

예비교사는 자신에게 주어진 4주간의 실습을 마치면서 그동안 경험한 내용을 자유롭고, 솔직하게 기록한다. 실습 동안에 느꼈던 점, 깨닫게 된 점, 대학측에 대한 요망사항, 보육교사로서의 마음가짐 등을 기록한다.

예비교사는 실습의 전체 과정을 자신의 능력과 적성 및 자질을 발견할 수 있는 계기로 삼아야 한다. 또한 실습을 통하여 앞으로의 진로를 결정해야 한다. 자기평가는 실습을 마친 후 예비교사가 아래와 같은 다양한 측면을 고려하며 직접 작성한다.

- 영유아의 발달과 행동에 대한 이해의 측면
- 보육활동의 기술적 향상의 측면
- 영유아의 개인차와 발달의 원리를 활용하는 측면
- 감정조절 및 배움의 자세 측면
- 학습진단에 대한 이해 측면
- 학습자료의 효율적 이해의 측면, 학급관리 측면
- 영유아의 조화로운 성장발달을 돕는 측면
- 적절한 평가의 측면, 교직 수행에 대한 신념의 측면 등과 관련하여 지난 4주간의 실습을 되돌아보며 교사로서의 자신에 대한 평가를 솔직하고 객관적으로 한다.

〈표 4-2〉 보육실습생 자기평가표 예시

보육실습생 자기평가표

평 가 항 목	1	2	3	4	5
1. 보육목표에 맞는 보육내용을 영유아 흥미와 수준에 맞게 선정했는지?					
2. 영유아 흥미와 능력, 사건경험을 관찰하여 지도계획이 수립되었는지?					
3. 보육활동계획안이 적절하게 계획 실행되었는지?					
4. 보육활동계획안에 따라 자료준비가 충실하게 되었는지?					
5. 영유아 행동을 민감하게 파악하고 상호작용에 최선을 다했는지?					
6. 다양한 흥미영역에 참여하여 놀이가 지속되고 확장되도록 촉진하였는지?					
7. 왕성한 학습의욕을 일으키도록 동기유발이 잘 되었는지?					
8. 다양한 교수법을 활용하여 교육효과를 올릴 수 있었는지?					
9. 부정적 정서나 갈등상황을 파악하여 긍정적으로 해결되도록 하였는지?					
10. 영유아 개별적 특성, 개인차를 고려한 지도를 하였는지?					
11. 아동 존중 언어를 사용하며 발음이 분명하고 고저나 빠르기가 적당하여 아동의 주의를 이끌고 갈 수 있었는지?					
12. 실습일지, 활동계획, 관찰, 평가를 성실히 기록하였는지?					
13. 아동들의 안전과 위생에 신경을 썼는지?					
14. 아동들의 활동참여, 놀이유형, 또래관계 등을 관찰하여 그 결과를 지도에 활용했는지?					
15. 교실의 통풍, 채광, 청소 등 위생적인 환경구성을 배려했는지?					
16. 실습기관의 지도방침에 적극 협력했는지?					
17. 지도교사와의 관계를 원만히 유지하며 성실하였는지?					
18. 영유아 수준과 흥미에 적합하도록 다양한 문헌정보를 연구하였는지?					
19. 실습 동료들과 잘 협력하도록 노력하였는지?					
20. 아동들과 친밀해지고 신뢰받게 되고 나아가 존경받게 되었는지?					

※ 이는 자기반성을 위한 평가이기 때문에 자기행동을 가능한 한 객관적으로 평가할 것. 이 평가표는 장래 교사생활의 반성자료로 활용해 주기 바람.

평가요령 : 5 → 대단히 좋다. 4 → 좋다. 3 → 보통이다. 2 → 나쁘다. 1 → 아주 나쁘다.

05

활동별 행동지침 및 예비지식

1. 등원시간
2. 자유놀이 시간
3. 간식시간
4. 이야기 나누기 시간
5. 점심시간
6. 낮잠시간
7. 산책시간
8. 만들기, 오리기, 붙이기, 그리기, 접기 활동
9. 동화시간
10. 실외놀이 시간
11. 견학 및 소풍 시간
12. 귀가시간
13. 청소시간
14. 차량 탑승
15. 사회생활 예비지식

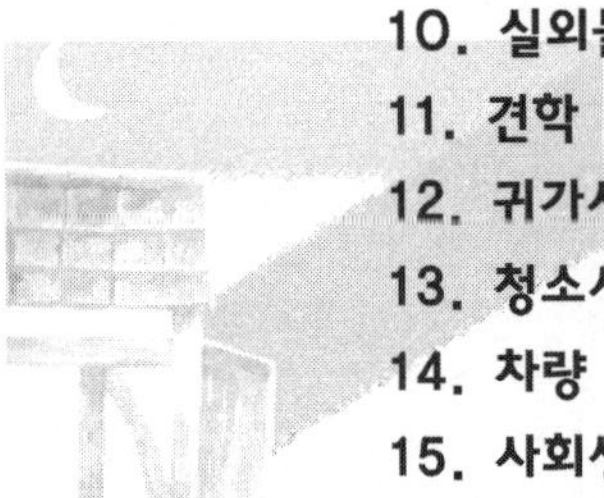

1. 등원시간

등원은 아동이 엄마와 분리되는 동시에 어린이집 생활을 시작하는 시간으로 등원 시 아이의 기분이나 감정이 어린이집에서의 하루 생활을 좌우하게 되므로 교사의 예리한 관찰력이 요구된다.

영아의 경우 부모와 편안하게 헤어질 수 있도록 밝고 따뜻한 관심과 사랑을 표현한다. 또한 지난밤부터 기관에 올 때까지 투약시간, 아침식사 여부 등 중요한 기록사항을 듣고 개인기록부에 적는다.

따라서 등원시간을 위한 예비교사의 행동지침은 다음과 같이 제안할 수 있다.

- **지도교사를 도와 영유아가 등원하기 전에 어린이집 시설과 환경을 재점검한다.**

예비교사는 등원하는 영유아와 학부모를 맞이하기 전에 현관, 출입구, 계단, 신발장 등이 청결한지를 점검한다. 또한 날씨에 따라 아동들의 이동 통로에 장애물이나 위험물은 없는지, 교실환기는 잘 되어 있는지, 교구나 시설에 하자는 없는지 등을 재점검한다.

지도교사가 하루 일과 계획이나 다른 업무로 인하여 세밀하게 관심을 갖지 못하는 부분도 민감하게 파악하여 대처하도록 한다. 장애유아의 경우, 예비교사는 장애유아의 신발장이나 가방 둘 위치를 미리 파악하여 아동이 스스로 정리하는지 확인하고, 자리를 찾지 못하는 경우 단서를 제공하여 정리할 수 있도록 한다.

- **영유아 등원 시 밝고 친근하게 맞이한다.**

등원 시 예비교사는 지도교사를 도와 영유아가 엄마와 잘 분리되고 즐거운 마음으로 어린이집 생활을 시작할 수 있도록 밝고 친근한 얼굴로 맞이한다.

분리에 대한 불안감이나 감정이 안정되지 않았을 때 거짓말을 사용하거나 학부모와 억지로 떼어 놓지 않도록 주의한다.

• 영유아를 주의 깊게 관찰한다.

영유아 등원 시 일대일로 접촉하면서 주의 깊게 관찰하여 영유아의 심리 상태, 건강 상태, 문제 등을 발견하고 체크한다. 기분이 좋지 않은 영유아의 경우, 좋아하는 장난감을 주거나 함께 놀아주고, 마음을 위로해 주도록 노력하여야 하며 안아주기, 손잡아 주기 등 신체적인 접촉을 반복적으로 한다.

장애유아는 등원 시 기분에 따라 그 이후의 활동에 많은 영향을 끼치기 때문에 아침 등원 시 기분을 더욱 유심히 살펴볼 필요가 있다. 특히 공연장 등의 외부 체험활동이 있을 경우 놀라거나 감정의 변화가 크지 않도록 예리하게 관찰한다.

• 영유아의 소지품이나 약 등을 꼼꼼히 챙기고 확인한다.

영유아는 등원 시 일일수첩, 부모님의 메모, 연고, 여벌 옷 등 생활하는 데 필요한 소지품을 가지고 등원하는 경우가 많다. 또한 등원 시 아침을 먹지 않아 간식을 따로 가지고 오기도 한다. 이때 예비교사는 지도교사를 도와 영유아가 무엇을 가지고 왔는지, 약은 언제 먹여야 하는지, 부모님의 특별한 메모는 없는지 등을 자세히 확인하고 지도교사에게 알린다.

장애유아는 부모가 교사에게 전달하는 메시지나 알림장, 약 등을 스스로 전달하지 못하는 경우가 많다. 따라서 예비교사는 유아가 가방을 정리한 후 가방 안을 다시 확인하고, 약 복용 시 먹는 방법을 유심히 체크해야 한다.

• 등원 시 영유아가 자신의 물품을 스스로 정리하도록 돕는다.

어린이집에 준비되어 있는 신발장과 개인 사물함에 영유아가 스스로 신발과 가방 및 겉옷을 정리하도록 한다. 학기 초 사진이나 이름 등 특별한 표시로 영유아 개인의 자리를 정하여 놓았으므로 등원 시 가방이나 물건, 신발은 스스로 정리하는 습관을 들이도록 돕는다.

장애유아는 특히 자기 물건을 스스로 정리할 수 있는 습관을 형성하는 것이 매우 중요하다. 스스로 잘하지 못한다고 해서 교사가 무조건 다 해주기보다는 작은 것부터 매일 조금씩 일관성 있게 정리하도록 행동 범위를 늘려가게 해야 한다.

• 자유놀이 활동을 잘하도록 적절하게 돕거나 격려한다.

3~4월은 새로운 교실과 선생님, 친구들에게 적응하는 기간이므로 등원 시 낯설어서 자유놀이를 잘 시작하지 못하는 영유아가 있다. 또한 영유아기는 감정조절이 잘 되지 않으므로 학기 중에도 그날의 상태나 반 분위기에 따라 자유놀이 활동에 잘 적응하지 못하거나, 한 영역에 집중적으로 몰리는 경우가 있다. 예비교사는 지도교사를 잘 도와 영유아가 등원 후 적절하게 자유놀이 활동을 시작할 수 있도록 한다.

장애유아는 놀이를 처음 시작하는 방법을 잘 알려주고, 혼자서 놀기보다는 일반영유아와 서로 상호작용할 수 있는 놀이를 유도하면서 교사의 개입을 줄여간다.

• 지도교사가 영유아를 맞이하는 방법을 관찰한다.

예비교사는 언제나 어린이집의 모든 일과 및 지도교사의 행동, 수업방법, 아동과의 상호작용 등을 유심히 관찰하여야 한다. 따뜻하고 친근하게 영유아와 학부모를 맞이하는 것은 교사의 역할 중에서 매우 중요한 부분이므로 지도교사가 학부모와 어떤 표정과 말로 인사하고 상호작용하는지, 영유아를 어떻게 맞이하는지, 하루를 어떻게 시작하는지 등을 꼼꼼히 살펴보도록 한다.

장애유아의 경우, 등원 시 부모와의 상담내용은 대부분 어제 하원을 한 후 일어났던 일과에 대해 이야기하는 경우가 대부분이다. 어제 일어났던 일로 인해 일과 중 그날의 행동에 영향을 미칠 수 있기 때문이다.

2. 자유놀이 시간

자유놀이는 다른 활동과는 달리 아동 자신의 개별적인 흥미, 욕구 및 발달 수준에 따라 원하는 재료를 선택하고 탐색·조작해 보는 능동적인 활동이다. 하루 일과 중 핵심이 되는 중요한 시간이며 영유아들이 가장 선호하는 활동이다.

교육적 효과를 중요하게 인식하는 교사는 자유놀이 시간을 잘 활용하여 아이들의 여러 발달적 측면에서 성장하며 학습하려는 의욕을 고취시키도록 준비를 하지만, 이 활동시간을 아이들끼리 노는 시간이라고 생각하고 여분의 교사 준비시간으로 활용하는 일이 일어나지 않도록 한다(이숙재, 2004).

자유놀이의 교육적 효과를 간단히 언급하면 다음과 같다.

① 자유놀이는 영유아의 개별적인 흥미와 요구에 따라 능동적인 학습이 이루어지는 시간이다.
② 영유아의 능력 및 발달 수준에 맞는 학습이 이루어질 수 있는 시간이다.
③ 영유아의 사회적 문제 해결력을 기른다.
④ 상상력과 정서적 순화가 이루어진다.
⑤ 영유아와 영유아, 영유아와 교사와의 긴밀한 상호작용으로 인간관계를 하게 하는 시간이다.
⑥ 하나의 개념을 다양한 영역의 경험을 통해 반복, 통합할 수 있는 교육이 이루어지는 효과적인 시간이다.
⑦ 교사와 영유아의 개별적인 상호작용으로 개인차에 따라 교사와 영유아 간의 긴밀한 상호작용이 이루어지고, 영유아가 중심이 되는 개별학습 시간이다.
⑧ 유아 스스로 선택하고 결정하는 가운데 자율성과 의사결정능력 및 책임감이 형성되는 시간이다.

영아의 경우 등원하는 동안 개별적으로 조용한 자유놀이를 하도록 유도한다. 2~3세 영아들은 스스로 놀이계획을 세우기 어려우므로 교사가 시범을 보이면서 흥미를 유발시켜 준다.

교육적인 자유놀이 시간이 되도록 할 수 있는 예비교사의 행동지침은 다음과 같다.

• 지도교사와 아동들이 지켜왔던 규칙과 약속을 빨리 익힌다.

모든 교사와 아이들이 교실에서 생활하는 방법은 다르다. 예비교사가 기존의 규칙과 약속을 모르고 자유놀이 시간에 개입한다면 아이들이 혼란스러울 수 있다. 예비교사가 생각하기에 옳지 않은 규칙이라도 아이들에게 직접 다른 방향을 제시하기보다는 지도교사에게 먼저 알리는 것이 좋다.

장애아동의 경우, 행동 특성이나 습관, 좋아하는 것, 싫어하는 것 등이 모두 다르다. 예비교사는 아동의 행동 특성을 미리 파악하여 화를 자극하는 사건이나 행동을 사전에 미리 예방한다.

• 아이들 요구는 해도 되는 일과 해서는 안 되는 일의 구분을 명확히 한다.

아이들은 지도교사보다 예비교사를 더 편하게 생각하는 경향이 있다. 하지만 예비교사도 아이들에게는 교사이다. 영유아들의 요구를 무조건적으로 수용하기보다는 기존의 규칙에 따라서 행동하도록 한다.

상황 판단이 어려울 때에는 지도교사에게 도움을 청한다.

장애유아의 경우, 모든 것을 예비교사에게 의지하는 경향이 있다. 예비교사 역시 담임교사와 함께 일관된 태도와 규칙을 보여주어야 한다.

• 다른 업무를 보거나 느리게 행동하지 않는다.

자유놀이 활동은 아이들이 가장 재미있어하는 시간이지만, 안전사고가 가장 빈번히 일어난다. 예비교사는 항상 아이들을 전체적으로 볼 수 있도록 시야를 두며 부지런히 관찰하고 언제든지 도와줄 준비가 되어 있어야 하며, 순간적으로 일어나는 사고에 대비할 수 있어야 한다. 장애유아의 경우, 위험한 사고에 대해 스스로 예측하지 못하므로, 더욱 유심히 관찰한다.

• 아이들 분쟁 시 섣부르게 개입하여 독단적으로 판단하지 않는다.

영유아 간의 분쟁이 발생할 경우, 예비교사는 직접 싸움을 해결하려고 하기보다는 중재자의 입장에서 영유아들이 스스로 해결방법을 찾도록 유도한다. 또한 교실에서 일어나는 모든 일은 지도교사와 상의한다.

장애유아는 자유놀이 중에 자기가 갖고 싶은 것이 있으면, 다른 아이들을 생각하지 않고 무조건 장난감을 뺏는 경우가 있다. 예비교사는 장애유아이기 때문에 다른 유아들이 무조건 배려해 주어야 한다는 생각보다는 올바른 규칙을 익히도록 한다.

• 자율적·독립적으로 놀이하도록 지나친 개입을 하지 않는다.

자유놀이 시간은 장애유아에게 있어 사회성과 언어를 향상시켜 줄 수 있는 최고의 환경 조건이다. 또래아동들과 어울릴 수 있도록 교사의 개입을 최대한 줄이고, 아동이 놀이에 몰입할 수 있도록 영유아를 쳐다보지 않도록 하고, 소리로 관찰한다.

• 소외받는 아이들이 없도록 항상 주의를 기울인다.

예비교사는 자유놀이 동안 영유아가 놀이계획에 따라 잘 참여하고 있는지 관찰하고, 놀이에 잘 참여하지 못하는 영유아가 있으면 예비교사도 놀이자가 되어 함께 놀이를 시작한다. 다행히 영유아가 어느 정도 놀이에 익숙해지면, 영유아끼리 놀이를 할 수 있도록 예비교사는 조용히 빠진다.

• 자유놀이가 끝난 후 아동 스스로 장난감을 정리할 수 있도록 도와준다.

자신이 놀고 난 뒤 장난감을 치우거나 물건을 정리하는 습관은 영유아에게 소유의식을 갖게 할 뿐만 아니라, 서로 협동하는 생활을 배우게 하고 책임감을 길러 준다. 따라서 정리시간에 대신 치워 주기보다 영유아가 스스로 정리할 수 있도록 지도한다. 장애유아 역시 일반유아와 같이 혼자서 정리할 수 있도록 지도하고 도와준다.

- **일반아동의 다양한 놀이유형 및 성격, 문제행동 등을 유심히 관찰하고 비교한다.**

장애유아는 또래나 일반유아들과 자유놀이를 하면서 사회적인 기술이나 언어, 행동들을 반복적으로 학습하게 된다. 게다가 일반유아들의 행동 특성들을 모방하여 부적절하거나 부정적인 놀이유형이나 습관이 변화되어 긍정적으로 바뀌지는 경우가 있으므로 자세히 관찰한다.

3. 간식시간

영유아는 소화기관이 미성숙하여 한 번에 많은 양을 섭취할 수 없으므로 1일 3회의 식사만으로는 충분한 영양을 섭취할 수 없다. 간식은 부족하기 쉬운 영양을 보충해 주어 활동에 지장이 없도록 해줄 뿐 아니라 올바른 식사습관 및 식사태도를 길러 준다. 활동량이 많고 발달과정 중에 있는 영유아는 간식과 식사, 휴식이 하루 일과에 적절하게 조화되어야 한다(하영수, 이자형 외, 2009).

종일반의 경우 간식은 오전과 오후에 제공되는데, 오전에 제공하는 간식은 아침식사용으로 부드럽고 소화가 잘 되는 것으로 준비하고, 점심식사에 지장을 주지 않아야 한다. 오후 간식은 저녁 늦게까지 귀가하지 못하는 영유아를 위해 조금은 든든한 것으로 준비한다. 간식은 소화가 잘 되고, 수분 및 무기질과 비타민을 충분히 공급하되 시각적 · 미각적 감각에 만족을 줄 수 있는 음식 메뉴를 만든다. 무엇보다도 계절식품 등 신선한 것으로 준비하여야 한다.

간식시간에 예비교사의 행동지침은 다음과 같다.

- **예비교사는 지도교사와 상의하여 간식을 주방에서 가져온다.**

어린이집에 음식을 먹을 수 있는 공간이 따로 있는 경우를 제외하고는 보통 교실에서 먹는다. 예비교사는 간식을 주방에서 가져올 경우 등원한 영유아를 정확히 파악하여 알맞은 간식의 양과 간식 도구를 교실로 가져오도록 한다. 간식을 주방에서 가져오지 않는 경우 예비교사는 영유아가 손 씻는 것을 도와주거나 간식을 먹을 수 있도록 자리를 정돈한다.

- **지도교사를 도와 간식 전에 영유아가 손을 씻도록 돕는다.**

간식시간은 기본 생활습관과 올바른 식사습관 및 식사태도를 길러 주려는 목적이 있다. 음식을 먹기 전에는 예비교사부터 반드시 모범을 보이며, 아동들의 손 씻는 습관을 길러 주어 청결을 생활화한다. 장애유아의 경우, 손을 씻을 때 자기 차례를 기다릴 수 있도록 도와준다. 또한 간단한 행동이지만 스스로 할 수 있도록 언어 중재로 교사의 개입을 줄여나간다.

- **지도교사와 함께 간식을 나누어 준다.**

6~7세의 경우 간식을 나누어 주는 순서가 정해져 있는데 예비교사는 지도교사를 도와 간식이 올바르게 분배되고, 간식을 먹을 수 있는 분위기가 잘 형성될 수 있도록 한다. 영아의 경우 간식 먹기의 모든 과정을 교사가 준비하는데, 예비교사는 영아가 집과 같이 편안한 분위기에서 간식을 먹을 수 있도록 돕는다. 장애유아의 경우, 간식을 자기 자리까지 흘리지 않고 가져갈 수 있도록 도와주고 학급에서 정한 공통 규칙을 지키도록 한다.

- **간식시간에는 감사 표시와 바른 자세를 유지하도록 돕는다.**

간식 먹기는 영양뿐 아니라 음식 예절에 대해서 생각해 볼 수 있는 시간이 되어야 한다. 그러므로 예비교사는 영유아가 바른 자세로 앉아서 간식을 먹고, 돌아다니며 먹지 않으며, 자연스러운 대화를 나누면서 먹을 수 있도록 한다. 또한 적당한 시간 안에 간식지도가 끝나도록 도와준다. 장애유아의 경우, 간식 그릇과 아동의 몸의 위치가 적당하게 유지될 수 있도록 자세를 교정해 준다.

• **간식을 다 먹은 후 지도교사와 함께 정리한다.**

예비교사는 영유아가 간식을 다 먹은 후 스스로 정리하는 것과, 전체 간식 그릇 정리를 돕는다. 지도교사가 간식 그릇을 정리하는 경우 예비교사는 다음 활동을 위해서 아이들을 준비시킨다. 늦게까지 간식을 먹는 영유아가 있을 경우에는 시간을 맞출 수 있도록 돕는다.

4. 이야기 나누기 시간

이야기 나누기는 집단활동의 한 유형으로 영유아들이 교사를 중심으로 모여 앉아 주제에 대하여 생각하고, 자신의 경험이나 느낌을 서로 나누며, 지식의 확장과 사고개념을 구성할 수 있는 시간이다.

친구의 출·결석이나 날씨 변화에 대하여 느낀 점을 확인하고 하루의 생활을 소개받고 계획할 수 있는 시간이다. 특히, 이야기 나누기는 예비교사가 참관 수업 후 바로 실제 수업을 이끌어야 하는 영역이므로 영유아들의 발달 수준과 이해력 및 주의집중 정도를 잘 관찰해야 한다.

이야기 나누기 시간의 예비교사 행동지침은 다음과 같다.

• **지도교사를 중심으로 이야기 나누기에 적합한 반원 형태로 앉게 한다.**

이야기 나누기는 보통 교사와 영유아가 마주볼 수 있는 반원의 형태로 앉는다. 영유아는 반으로 나누어서 앞줄은 그냥 앉고, 뒷줄은 의자를 사용하여 앉는 경우도 있다. 이때 예비교사는 지도교사의 지시에 따라 영유아가 앉을 수 있도록 돕는 보조적인 역할을 하는 것이 좋다. 장애유아의 경우 자세를 바르게 유지할 수 있도록 한다.

• 지도교사의 순조로운 진행이 되도록 호흡을 맞춘다.

이야기 나누기 동안 모든 영유아가 예상된 반응을 하기는 어렵다. 영유아들이 지도교사가 이끄는 주제에 집중하여 반응할 수 있도록 방해아동이나 장애유아의 경우 자기 자리를 지킬 수 있도록 적절히 지도해 준다.

• 개별적인 접촉이 필요한 아동을 돕는다.

수업을 진행하는 교사가 영유아의 개별적인 요구를 다 채워 줄 수는 없다. 그러므로 예비교사는 늦게 등원하는 영유아나 갑자기 화장실에 가야 하는 영유아, 건강이나 다른 사정으로 집단활동에 참여하지 못하는 영유아 등을 보살피고 지도교사가 원활한 수업을 하도록 돕는다.

• 예기치 않게 발생하는 모든 사고에 대해서 신속하게 행동한다.

영유아들의 사고는 뜻하지 않게 발생한다. 이야기 나누기 중에도 장난하거나 의자 등으로 인해서 사고가 발생할 수 있다. 예비교사는 안전사고에 유의하며, 사고가 발생하였을 때 구급약품을 가져오고 다른 영유아를 안정시키는 등의 행동을 신속하게 하여야 한다.

장애유아의 경우, 주변 유아들이나 예비교사가 싫어하는 행동을 계속해서 방해가 되는 행동을 하기도 한다. 담임교사가 수업 중에 이를 제재할 수 없을 때는 예비교사가 유아들끼리 서로 싸움이 나지 않도록 적절한 제재방법을 미리 담임교사로부터 지도받아 알고 있어야 한다.

• 지도교사의 수업 방식과 영유아의 발달 수준과 흥미 등을 주의 깊게 관찰한다.

이야기 나누기는 예비교사가 부분수업 및 종일수업을 실제로 해야 한다. 그러므로 지도교사의 수업을 잘 관찰하여 실제로 수업을 진행할 때 참고한다. 장애유아도 참여할 수 있도록 적절한 기회를 제공해 준다.

5. 점심시간

점심은 아동성장에 맞게 충분한 영양을 공급하고 바르게 먹는 식습관을 형성하며 심리적인 면에서도 즐거운 경험이 되어야 한다. 영유아의 성장발달에 가장 많은 영향을 주는 것은 균형 잡힌 영양 섭취이다. 영양이 부족하면 신체발달뿐 아니라 다른 발달영역, 즉 대인관계까지 영향을 주기 때문이다.

성장에 필요한 영양을 충분히 섭취하려면 영유아는 올바른 식습관이 형성되어 있어야 한다. 식습관은 음식과 식사에 대해여 긍정적이고 바른 태도를 습득하였을 때 이룰 수 있으므로, 교사는 영유아의 올바른 식습관 형성을 위해 지도해야 한다.

특히, 종일반 보육시설의 경우 영유아는 보육교사를 통해 대부분의 식습관을 배우므로 보육교사의 역할이 매우 중요하다. 예비교사는 개인적인 편식이나 다이어트와 같은 이유로 잘못된 식습관이 있을 때 특히 주의하여야 한다.

영유아가 간식 및 점심 먹기를 통하여 독립적인 식습관을 형성하도록 바른 자세로 앉아서 먹기, 숟가락, 젓가락 사용법 익히기, 감사하는 마음으로 먹기, 음식 골고루 먹기, 흘리지 않고 먹기, 흘린 것은 자기가 깨끗이 처리하기, 잘 씹어 먹기, 조용히 먹기, 식사 중에 돌아다니지 않기, 식사 후에 뒷정리하기 등을 지도하도록 한다.

점심시간에 예비교사의 행동지침은 다음과 같다.

- **점심 먹기 전에 활동 정리를 돕는다.**

식사 전에 간단한 자유놀이나 미술·작업 등의 대집단 활동을 마무리하는 경우가 많다. 이때 예비교사는 활동을 마무리하지 못한 영유아를 개별적으로 돕거나 지도교사가 정리하는 것을 돕도록 한다.

정리를 하는 시간처럼 일과 중에는 특별한 활동 없이 다음 활동을 하기 전에 비어 있는 시간이 있을 수 있다. 예비교사는 교사를 도와 정리를 하면서도 장애유아들이 무엇을 하는지 주의를 기울이고 사고가 날 행동에 대해 사전에 조치를 취해야 한다. 또한 이물질이 영유아나 장애아동의 입 안으로 들어가지 않게 유의해야 한다.

• 점심 전 손 씻는 것을 돕는다.

영유아 때부터 이 닦기, 손 씻기, 세수하기 등의 청결 습관을 길러 주면 자립적이고 독립적인 생활태도가 몸에 배어 건강한 아동으로 성장하게 된다. 점심 먹기 전에 손을 씻을 때 질서를 지키며 깨끗하게 씻을 수 있도록 예비교사는 옆에서 도와주고, 개별적인 도움이 필요한 아동을 보살핀다. 또한 손을 다 씻은 아동은 점심을 먹을 수 있도록 자리를 정돈하게 한다.

장애유아의 경우, 차례를 지켜 손을 씻을 수 있도록 돕고, 물을 틀거나 잠그는 것, 수건에 손을 닦는 방법 등 손을 씻기 시작하여 끝마칠 때까지 순서를 지키고 실천할 수 있도록 도와준다.

• 지도교사와 함께 점심을 나누어 준다.

보통 간식과 마찬가지로 점심 먹기도 교실에서 이루어지는 경우가 많다. 두 살 전후 영아는 자리에 집중해서 앉아 있을 수 없고, 영유아처럼 음식을 가져갈 수 없으므로 교사가 직접 나누어 준다. 이때 예비교사는 영아용 도구를 준비해 주고, 영아가 뜨거운 음식을 받을 때 조심할 수 있도록 주의를 기울인다.

교사와 함께 직접 음식을 나누어 주는 유아의 경우, 예비교사는 원활한 식사시간이 되도록 지원한다. 장애유아도 특별히 위험한 행동을 제외하고는 일반유아와 같이 음식준비에 참여할 수 있도록 기회를 준다. 배식을 도와줄 경우, 장애유아가 집게를 잘 사용하도록 유아 손을 잡아 주기도 한다.

• 감사하는 마음으로 바르게 앉아서 먹을 수 있도록 한다.

모든 영유아가 음식을 다 받으면 감사를 표하고 바르게 앉아서 식사를 할 수 있도록 한다. 여분의 반찬 등 다른 것을 필요로 하는 경우는 돕도록 하며, 스스로 할 수 있도록 배려와 격려를 아끼지 않는다. 장애유아의 편식 경우는 먹지 않는다고 해서 무조건 피할 것이 아니라 음식의 냄새를 맡아 보게 하는 등 관심을 갖고 음식을 접해 보도록 식습관을 바꿔주는 계획을 세워 편식을 지도해 나가는 것이 중요하다.

- **지도교사와 함께 정리한다.**

식사를 마친 후, 자신이 흘린 것은 깨끗하게 치우도록 하고 잔반과 식사 도구는 스스로 정리하도록 한다. 남은 음식을 쏟거나 식사 도구를 떨어뜨리는 등에는 영유아가 다친 곳은 없는지 확인하고 신속히 정리한다. 영아의 경우 스스로 정리하기 어려우므로 지도교사와 함께 정리하도록 한다.

모든 영유아가 식사를 마치면, 예비교사는 교실정리 및 환기를 한다. 장애유아의 경우도 반의 일원으로서 다 같이 정리하고 다음 활동으로 넘어갈 수 있도록 언어적인 중재뿐 아니라 행동적인 지원도 함께 유도해 주어야 한다.

- **식사 후 이 닦기 활동을 돕고, 조용한 놀이나 휴식을 취할 수 있도록 한다.**

식사를 마치는 영유아 순으로 이를 닦을 수 있도록 하며 특히 옷이 젖는 것을 방지하도록 비닐 앞치마 사용이나 적절한 치약의 양을 도와준다. 이를 다 닦은 영유아는 조용한 놀이나 휴식을 취할 수 있도록 한다. 장애유아의 경우, 이를 닦을 때 위아래, 겉, 속을 여러 번 반복하여 닦을 수 있도록 이를 닦는 방법을 지속적으로 알려준다.

6. 낮잠시간

영유아는 신체적으로 활동하는 시간과 휴식시간의 균형이 유지되어야 한다. 영유아기는 전체적인 운동량이 증가하므로 피로가 누적되기 쉬울 뿐만 아니라 다양한 공간, 자극물, 또래관계에서 질병 감염이 빈번해질 수 있는 시기이므로 하루 일과에서 휴식과 수면 등의 균형이 고려되어야 한다. 특히 영유아들이 집에서와 같이 안정감을 가지고 휴식을 취할 수 있도록 예비교사는 지도교사와 함께 영유아의 낮잠을 도와주고, 적절한 환경구성을 마련해야 한다.

낮잠 시 예비교사의 행동지침은 다음과 같다.

- **낮잠 전, 영유아가 화장실에 다녀오도록 돕는다.**

예비교사는 낮잠시간이 되면 지도교사를 도와 대소변 가리기가 가능한 영유아는 화장실에 다녀올 수 있도록 하고, 대소변을 못 가리는 영유아는 기저귀를 새로 갈아준다. 장애유아의 경우, 대소변을 스스로 해결하지 못하는 경우가 있는데, 이를 대비하여 잠자기 전에는 화장실에 다녀오도록 한다.

- **영유아가 잠을 잘 잘 수 있도록 커튼이나 블라인드를 이용해 빛을 차단하는 등 분위기를 조성한다.**

잘 수 있는 공간으로 이동하거나 공간배치를 돕고, 조용한 음악이나 독립된 침구를 준비해 주고, 겉옷을 벗거나 잠옷을 갈아입는 영유아가 있으면 도와준다.

- **편안한 상태의 낮잠이 되도록 한다.**

영유아가 자신의 침구에 다 누우면 예비교사는 지도교사와 함께 영유아 한 명 한 명을 안아주고, 쓰다듬어 주어 낮잠시간이 선생님과 교감을 형성하는 즐거운 시간이 될 수 있도록 한다. 함께 있어 주기를 원하는 영유아가 있으면 지도교사와 상의하도록 한다. 이때 예비교사도 적당한 휴식을 취하는 것이 좋다.

장애유아의 경우, 낮잠을 잘 자는 유아도 있지만 대부분 잠을 자지 않는다. 아이가 잠을 자지 않는다고 해서 그 시간을 다른 활동을 하는 데 활용하지 말고, 유아가 잠시라도 쉴 수 있도록 같이 옆에서 누워 있어 준다.

- **낮잠시간 동안 교실을 떠나지 않는다.**

교사는 낮잠 중 갑자기 깨어 울거나, 기침을 심하게 하는 등 도움을 필요로 하는 영유아를 언제든지 도울 수 있어야 한다. 또한 낮잠을 원하지 않거나 중간에 잠이 깬 영유아는 침구에 누워 쉬거나, 다른 영유아를 방해하지 않는 범위 내에서 조용한 놀이를 할 수 있도록 한다.

장애유아의 경우, 잠을 자지 않고 잠자는 아이들을 밟고 돌아다닐 수가 있으므로 다른 아이에게 방해가 되지 않도록 주의를 준다.

• 영유아가 낮잠에서 일어나는 것을 돕는다.

낮잠에서 일어나야 할 시간이 되면 음악의 볼륨을 조금 높이고, 커튼이나 블라인드를 열어 교실에 빛이 들어오게 하여 영유아 스스로 일어날 수 있도록 한다. 이때 예비교사는 지도교사와 함께 일어난 영유아를 따뜻하게 안아주고, 잘 잤는지를 물으며 몸의 상태를 체크한다. 영아의 경우 기저귀를 확인한다.

• 침구 정리를 한다.

영유아가 낮잠에서 일어나면 교실을 환기시키고, 예비교사는 지도교사, 영유아와 함께 침구를 정리하고, 영유아가 화장실을 다녀올 수 있도록 돕는다. 장애유아의 경우, 이불 정리를 스스로 할 수 있도록 유도한다.

7. 산책시간

산책은 영유아들이 온갖 자연물을 직접 보고, 만지고, 듣고, 느끼고, 냄새를 맡을 수 있는 체험적 교육활동이다. 산책은 일상생활의 일부가 되어야 하며, 오전 산책, 오후 산책, 일과 중의 시간을 이용한 산책 등 시간대에 따라 달라지는 주변 세상을 경험할 수 있기 때문에 하루 일과 중 언제라도 가능하다.

예비교사는 가르치는 역할보다 모델링 역할을 하며 오감으로 자연의 생명을 느끼고 체험할 수 있도록 한다. 장애유아의 경우, 위험물에 스스로 대처하지 못하는 경우가 많기 때문에 안전에 유의하도록 주변 환경을 잘 관찰해야 한다. 또한 이물질을 입에 넣지 않도록 주의시켜야 하고, 도로를 지나갈 경우 갑자기 차도에 뛰어들지 않도록 위험 행동을 보일 것으로 예상되는 영유아는 미리 손을 잡고 산책을 한다. 장애유아는 밖에 나가서는 특히 교사가 주의하여 잘 관찰해야 한다.

8. 만들기, 오리기, 붙이기, 그리기, 접기 활동

유아들은 만들기, 오리기, 붙이기, 그리기, 접기 작업을 통하여 창의력, 사고력, 표현력을 기르고, 불안이나 좌절에서 오는 심리적 갈등을 해소하며, 자기 표현의 욕구를 충족시킨다. 또한 유아는 조직적으로 생각하고 계획하는 태도를 형성하며, 창작에 대한 흥미를 가지고, 눈과 손의 협응력 발달과 소근육 발달 등 신체 · 정서 · 언어 · 사회 · 지적 발달을 이룰 수 있다.

만들기, 오리기, 붙이기, 그리기, 접기 작업 전에 각각의 필요한 자료준비를 돕고, 부족한 재료가 없는지 확인한다. 자기의 것과 다른 사람의 물건을 구분하는 습관이 형성될 수 있도록 담임교사를 도와 함께 지도한다.

특히 교사의 도움이 필요한 유아는 개별지도를 한다. 장애유아의 경우, 스스로 완성할 수 있는 범위 내에서 계획하는 것이 필요하므로 담임교사의 지시에 따라 유아가 할 수 있는 활동 범위를 제안하여 주고, 주어진 활동목표를 장애유아 스스로 끝까지 수행할 수 있도록 적절히 개입한다.

활동이 어느 정도 마무리되면 예비교사는 지도교사와 함께 유아 스스로 사용한 재료를 정리할 수 있도록 한다. 활동을 마무리하지 못한 유아가 있으면, 편안히 끝낼 수 있도록 배려한다.

9. 동화시간

동화는 어린이집에서 가장 많이 이루어지는 문학활동이며, 아이들이 재미있어 하고 주의집중을 잘 하는 시간이다. 영유아는 동화를 들음으로써 상상력 및 사고력, 창의력을 발달시킨다. 또한 정서적으로 풍부한 경험을 하고, 세상을 좀 더 잘 이해할 수 있으며 자신을 잘 표현할 수 있게 된다.

보통 어린이집에서는 동화의 내용을 학습주제 및 사회변화에 맞는 것으로 선택하여 그림동화, TV동화, 융판동화, 자석동화, 막대동화, 테이블 동화, 구연동화 등의 다양한 방식으로 동화내용의 이해를 돕고, 영유아들의 흥미를 지속시킨다.

동화시간 시 예비교사의 행동지침은 다음과 같다

- **영유아들이 동화 듣기의 배열로 앉을 수 있도록 돕는다.**

동화는 보통 이야기 나누기 시간 전후에 전개되는데 예비교사는 모든 영유아가 동화자료가 잘 보이는 자리에 앉을 수 있도록 한다. 장애유아의 경우, 동화를 듣는 중에 특히 다른 사람에게 방해가 되는 행동이나 소리를 내지 않도록 지도교사의 지도방법에 따라 적절히 지도한다.

- **지도교사가 동화를 매끄럽게 진행할 수 있도록 호흡을 맞춘다.**

영유아들은 동화를 들을 때 자신도 모르게 점점 앞으로 다가가거나, 갑자기 일어나서 동화의 사료를 만지려고 한다. 예비교사는 영유아가 동화에 집중할 수 있도록 산만한 유아들을 통제하고, 화장실 등의 도움을 필요한 유아가 있으면 돕는다.

- **동화를 정리한다.**

동화 후 지도교사가 다른 활동으로 전환할 때 예비교사는 동화 정리를 돕는다.

10. 실외놀이 시간

실외놀이는 영유아들의 신체발달뿐 아니라 긴장 해소와 균형 있는 하루 일과를 위해서 꼭 있어야 하는 중요한 시간이다.

실외놀이는 영유아들이 아주 재미있어하고 지루해하지 않으며, 자연의 흐름을 느낄 수 있고, 영유아 자신이 가지고 있던 지식, 개념, 경험을 자유롭게 펼 수 있는 시간이다. 또한 지적인 호기심과 상상력을 키우고 계절의 변화와 더불어 생명의 소중함을 깨닫는다.

- **질서 있게 바깥놀이 장소로 이동한다.**

- **아이들의 안전사고에 특별한 주의를 기울인다.**

예비교사는 위험한 기구에 올라가는 유아는 없는지, 올바르지 않는 방법으로 기구를 사용하는 영유아는 없는지 잘 관찰한다.

장애유아의 경우, 위험물에 스스로 대처하지 못하는 경우가 많기 때문에 길에 위험물이 있는 경우는 미리 치우거나 안전에 유의하도록 예비교사는 주변 환경을 잘 관찰해야 한다.

- **날씨에 알맞고, 활동하기 편한 복장과 편한 신발을 신는다.**

예비교사는 활동의 성격에 따라 알맞은 복장을 착용해야 한다. 그러기 위해서 여벌로 편안한 옷과 신발을 어린이집에 가져다 놓는 것도 한 방법이다.

- **지도교사와 함께 영유아 전체를 바라볼 수 있는 위치에 자리한다.**

실외놀이 장소는 교실보다 넓기 때문에 유아를 통제하기 어렵다. 예비교사는 많은 영유아를 바라볼 수 있는 위치에 서서 도움이 필요하건, 안전사고가 발생할 만한 놀이를 하는 영유아가 있으면 언제든지 달려간다.

• 교실로 돌아올 때에는 신발을 스스로 정리하고, 손 씻는 것을 도와 준다.

영유아 스스로 신발과 겉옷을 정리하고, 손을 씻은 후 다음 활동을 할 수 있도록 돕는다. 장애유아의 경우, 자기 옷을 스스로 벗고, 자기 자리를 찾아 정리하는 습관이 형성되도록 도와준다.

11. 견학 및 소풍 시간

견학 및 소풍은 기관 밖에서 이루어지는 활동으로 구체적인 계획과 준비, 절차가 필요하다. 영유아는 집과 어린이집 주변을 벗어나, 새로운 곳에서 구체적인 사물을 탐색하고 사람들을 만남으로써 새롭고 풍부한 경험을 하게 되며, 추상적인 사고와 창의적 활동까지 확장하게 된다.

견학 및 소풍을 가기 전에는 영유아들에게 활동의 목적을 알게 하여 교육적 가치를 높이며, 소지품 및 복장 등에 대해서도 미리 알려준다. 또한 활동 전 유아들과 충분한 이야기 나누기를 함으로써 안전사고와 미아사고를 예방한다.

견학 및 소풍을 갈 때 예비교사의 행동지침은 다음과 같다.

• 등원 시 영유아들의 옷과 가방을 확인하고, 이름표를 착용하도록 한다.

견학 및 소풍날이면 영유아는 많이 들떠 있고, 교사는 많이 분주하여 잦은 사고가 발생할 수 있다. 특히 지도교사는 매우 분주하게 되므로 예비교사가 재치 있게 영유아와 지도교사가 필요한 것을 보조할 수 있도록 한다.

• 차량 탑승 시 인원 확인을 돕는다.

예비교사는 영유아의 차량 탑승과 인원 확인을 돕는다. 또한 안전벨트는 바르게 했는지, 몸이 불편한 영유아는 없는지 수시로 확인한다.

장애유아의 경우, 차에 대한 두려움이 있을 수 있기 때문에 되도록 담임교사나 예비교사가 함께 옆자리에 앉도록 한다.

- **인솔 시 지도요령을 익혀 도우미 역할을 한다.**

예비교사는 행사 전에 지도교사와 충분히 상의하여 행사 도우미 역할을 수행한다. 예를 들어, 구급약품을 챙기거나, 뒤처지는 영유아를 돌보거나, 특정한 장소에서 게임 등을 진행하고, 화장실 등 급한 도움이 필요한 영유아가 있으면 언제든지 돕는다.

장애유아의 경우, 밖에 나가서는 예상하지 못한 행동들을 보일 경우가 많다. 따라서 평소보다 더 세심한 관찰이 필요하다.

- **안전사고와 미아사고가 발생하지 않도록 주의를 기울인다.**

예비교사는 이동 시 영유아의 인원수를 항상 확인하고, 몸이 불편한 유아가 없는지 확인한다. 또한 지도교사보다 위험 상황을 먼저 알았을 때에는 신속히 지도교사에 알리고 상황에 대처한다.

- **야외활동 시 간편한 복장을 한다.**

예비교사는 활동이 편한 복장을 하고, 편한 신발을 신는다. 또한 아이들이 교사의 위치를 얼른 알 수 있도록 눈에 띄는 색깔의 모자와 옷을 착용하는 것이 좋다.

12. 귀가시간

귀가하는 하루를 마무리하는 시간으로 등원만큼 중요하다. 귀가하기 전 5~10분 정도 하루 일과를 마무리하는 시간을 갖도록 하여 가장 재미있었던 일, 속상했던 일은 무엇인지, 다시 하고 싶은 활동이 있는지 등을 이야기 나눈다.

특별한 전달사항이나 귀가 시 안전을 강조하고, 화장실에 다녀온 후 자신의 소지품을 잘 챙겨서 귀가할 수 있도록 한다.

차량으로 귀가를 하는 경우 어린이집 각 반의 영유아들이 한꺼번에 나올 수 있으므로 안전사고가 일어날 수 있다. 그러므로 유아들이 질서 있고 안전하게 귀가할 수 있도록 지도한다. 학부모가 직접 귀가하는 경우 부모에게 직접 일과나 전달사항을 이야기하도록 한다.

귀가시간 시 예비교사의 행동지침은 다음과 같다.

- **영유아의 귀가준비를 돕는다.**

예비교사는 지도교사를 도와 영유아가 화장실에 다녀왔는지, 자신의 겉옷을 바르게 입었는지, 소지품은 잘 챙겼는지 등을 확인한다.

장애유아의 경우, 자기 옷을 스스로 찾을 수 있도록 단서를 제공해 주고, 옷을 입을 때 호크나 지퍼를 스스로 채우고 올리도록 지켜봐 준다.

- **귀가질서를 지키며 안전하도록 지원한다.**

귀가하기는 하루 일과 중 가장 복잡하고 산만한 시간이다. 차량으로 귀가하는 경우 예비교사는 지도교사를 도와 차량을 이용하는 영유아가 집 방면의 차를 탑승했는지를 확인한다. 부모가 귀가하는 경우 예비교사가 섣부르게 영유아에 대해서 상담하지 않도록 주의한다. 부모요청 시 지도교사에게 직접 연결시켜 주는 것이 바람직하다.

- **귀가하지 않은 영유아를 안전하게 돌본다.**

귀가시간이 되면 지도교사는 귀가하는 영유아를 챙기고, 하루 업무의 마무리, 부모님과의 면담 등으로 분주하게 된다. 이때 예비교사는 교실에 남아 있는 영유아들이 안전하고 재미있는 놀이를 하다가 귀가할 수 있도록 돌본다.

13. 청소시간

보육시설은 무엇보다도 청결하고 깨끗한 환경이 요구된다. 특히, 영유아가 거의 하루 종일을 생활하는 교실의 청결은 안전관리의 기본이라 할 수 있다. 교실의 청결을 위해서 주의해야 할 점은 다음과 같다.

① 교실바닥은 필요할 때마다 즉시 쓸거나 닦는다. 카펫은 청소기로 매일 먼지를 철저히 제거한다.
② 매주 교실이나 복도 바닥, 선반과 문손잡이를 소독한다.
③ 바닥에 액체를 쏟았을 때에는 즉시 닦아 내고 냄새를 제거한다.
④ 영유아들이 입에 넣을 수 있는 물건들은 매일 씻고 소독한다.
⑤ 낮잠 침구는 매주 빨고, 햇볕을 쪼인다.
⑥ 쓰레기는 매일 버린다.
⑦ 실내 공기가 항상 쾌적하도록 환기를 시킨다.

청소시간 시 예비교사는 지도교사가 이야기하지 않아도 스스로 청소를 시작한다. 마음대로 청소하기보다는 지도교사의 청소 흐름과 방식을 따라 보조한다. 그러나 지도교사가 미처 관리하지 못하는 부분까지도 청소하도록 한다. 창틀이나 영유아 개인의 서랍장, 영역별 서랍장, 책꽂이 뒤나 교구장 밑 등 보이지 않는 부분도 청소한다.

14. 차량 탑승

차량 탑승은 영유아의 등·하원 및 현장학습, 소풍 시 하게 된다. 예비교사는 교통안전 및 차량 탑승의 유의사항을 자세하고 정확하게 알아야 하며 예비교사가 혼자서 차량에 탑승하여 하원 지도하는 것은 위험하다. 예비교사는 유아 차량 탑승 시 자리에 바르게 앉도록 하고, 불편한 곳은 없는지 확인한 후 안전벨트 매는 것을 도와준다. 장애유아의 경우, 안전벨트를 교사가 보지 않는 사이 빼버리는 경우가 있다. 따라서 유아가 안전벨트를 착용하고 있는지 수시로 확인해야 한다.

멀미나 대소변 문제로 도움을 요청하는 영유아가 있으면 지도교사와 함께 영유아를 돕는다. 멀미약, 물, 비닐봉지, 휴지, 물 티슈, 여벌의 옷 등을 항상 소지한다. 경기를 하는 장애유아가 있을 때는 유아의 기도가 막히지 않도록 자세를 유지시켜 주는 방법을 담임교사에게 미리 지도를 받고, 상황에 적절히 대처한다.

차량 탑승 시 유의할 점은 일반적으로 다음과 같다.

① 예비교사는 혼자 차량운행 하지 않는다.
② 버스가 완전히 멈춘 뒤 차례차례 탑승하도록 하며, 교사는 반드시 땅을 딛고 유아를 한 명씩 태운다.
③ 안전벨트는 반드시 매도록 한다.
④ 창밖으로 손이나 머리를 내밀지 않도록 한다.
⑤ 창밖으로 물건을 던지거나 의자 위로 올라가지 않도록 한다.
⑥ 버스가 완전히 멈춘 다음 앞에서부터 차례차례 내리도록 한다.
⑦ 버스의 계단을 내려올 때는 서두르지 말고, 천천히 한 칸씩 내려오도록 한다.
⑧ 버스의 앞좌석에는 유아를 앉게 하지 않는다.
⑨ 어린이집 차를 향해 뛰어가지 않도록 한다.
⑩ 차량에 탑승하다가 사고가 발생하였을 경우 신속히 대처하고, 다른 유아가 놀라지 않도록 주의한다.
⑪ 차량 하차 시 잠이 든 유아가 없는지, 유아들이 누고 내린 물건이나, 물품 등이 있는지 차량 안을 점검한다.

15. 사회생활 예비지식

1) 설 명

말은 의사전달의 가장 중요한 수단이다. 특히 교직은 언어를 업무의 도구로 사용하는 직종이다. 따라서 설명 능력은 교직 업무수행 능력에 아주 중요한 부분이다. 설명을 잘하려면 자음과 같은 방법을 익혀야 한다.

• 말의 순서를 정한다.

설명을 시작하기 전에 먼저 말의 순서를 정하여 말의 흐름이 조리 있도록 구성한다.

• 내용과 목적을 명시한다.

설명의 서두에서 무엇을, 왜 설명하려고 하는지를 밝히면, 듣는 사람이 말을 들으면서 파악해야 하는 어려움을 덜어줄 수 있다.

• 결론부터 말한다.

듣는 사람, 특히 직장에서 상급자들은 때때로 결론만 궁금해하는 수가 있다. 즉 과정과 이유를 듣는 동안 기다리기 답답해하는 수가 많다. 결론부터 말하고 차근차근 과정과 이유를 설명하는 것이 효율적이다.

• 쉽게 말한다.

이해하기 쉬운 말을 사용하되 전문용어나 어려운 용어는 처음 사용할 때 그 용어의 뜻을 먼저 풀어 말한다. 특히 나이 어린 아동이 설명의 대상일수록 교육적인 효과를 위해서 더욱 그렇게 해야 한다. 예를 들면, "산에 올라가는 등산"이라는 식이다. '산에 올라간다'라고만 하면 '등산'이란 단어를 배울 수 없을 것이고 '등산'이라고만 하면 영아에게는 처음 들어보는 말일 수도 있기 때문이다.

• 간결하게 말한다.

짧은 문장일수록 의미 전달이 쉽다. 한 문장이 길면 듣는 사람이 혼란을 느끼는 수가 있으므로 말을 불필요하게 길게 하지 않는다.

• 비교해 준다.

어떤 설명을 할 때 개념이나 요지를 확실히 전달하기 어려울 때에는 비슷한 것과 반대의 것을 제시하면 이해를 도울 수 있다.

• 사례를 든다.

어려운 상황을 설명할 때라도 적절한 예를 들어 주면 단번에 상황을 이해시킬 수 있다.

• 점검한다.

듣는 사람이 말하는 사람의 의도를 잘 이해하고 있는지 중간 점검이나 마지막 점검을 한다. 유능한 설명자가 되려면 설명의 목적이 듣는 사람의 이해의 정도에 따라 결정된다는 것을 알 필요가 있다.

점검을 하지 않으면 때때로 엉뚱한 오해를 발견하지 못해 중대한 실수를 할 수 있다. 상대의 눈을 쳐다보면서 설명하면 많은 것을 점검할 수 있으며 직설적으로 묻는 방법도 있다.

• 반복한다.

듣는 이는 때때로 설명의 일부분을 놓치는 수가 있으므로 한 번만 설명하면 놓쳤을 때 다시 보완할 기회가 없다. 확실한 설명을 위해서는 반복하되 똑같은 말이 아닌 다른 표현을 사용하는 것이 진부하지 않다.

• 요점정리로 끝낸다.

설명일 경우에는 마지막으로 요점을 정리해 줄 필요가 있다. 요점정리와 반복의 차이는 반복에서는 다른 표현을 쓰는 것이 좋지만 요점정리를 할 때는 설명에서 사용했던 바로 그 용어를 똑같이 사용하는 것이 좋다.

2) 교수자 화법

교육활동을 효과적으로 이끌어 나가기 위해서는 세 가지의 요소가 적절하게 조화되어야 한다. 즉 교수자(교수자, 보고자, 제안자, 교수자 등)와 학습대상자(상사, 동료, 영유아) 및 내용(교육할 메시지)이 그것이다. 이들 세 요소를 어떻게 기술적으로 활용하는가에 따라 교육의 효과를 높일 수 있는 것이다(이광희, 2001).

• 학습대상자 한 사람 한 사람에게 말을 거는 것이라고 생각한다.

아동들에게는 한 명 한 명에게 말을 거는 듯이 자연스럽게 메시지를 전달하여야 이해가 쉬운데 통계 수치나 조사 결과를 소개할 때는 오히려 자료를 보여주는 것이 정확한 전달이 되며 교사발표 시에는 수치에 관련된 내용은 메모를 보며 메시지를 전달하는 것이 신뢰감을 얻을 수 있다.

• 변명적인 이야기나 준비한 원고를 줄줄 읽기 등은 피한다.

성공적으로 교육을 이끌어 나가기 위해서는 자신을 지나치게 낮추는 변명적인 이야기나 준비한 원고를 줄줄 읽기, 강조하고자 하는 바가 확실하지 않은 평범한 이야기, 새로운 내용이 없는 말, 이야기 도중 헤매다가 길을 잃는 행위 등은 피해야 한다.

• 말의 속도는 정상적인 대화보다는 약간 느리게 진행한다.

학습대상자가 내용을 음미할 시간적 여유를 주기 위하여 정상적인 대화보다는 약간 느리게 진행하는 것이 좋고, 핵심이 되는 내용을 소개할 때는 속도를 다소 늦추어 주어 강조를 하는 것이 바람직하다. 학습대상자가 많을수록 이야기의 속도를 늦추어 주어야 한다. 보통 대화의 경우에 한국어는 1분에 300~400자, 영어는 150~170단어가 적당하다. 그러나 교육에서는 그보다 10~20% 정도 줄이는 편이 좋다.

• 음성에 변화를 줄 필요가 있다.

이야기를 보다 다채롭게 전개하기 위하여 교수자는 음성에 변화를 줄 필요가 있다. 소리를 크게 낸다거나 소곤거리거나, 속도를 빠르게 하거나 느리게 하거나, 피치를 높이거나 낮추는 등으로 학습대상자의 주의를 환기시킬 수 있다.

• 마이크를 사용할 때에는

① 마이크는 어떤 소리라도 받아들이므로 사소한 잡음도 들어가지 않도록 주의를 한다.
② 마이크 테스트 시에는 마이크를 가볍게 톡톡 두드린다.
③ 자동으로 볼륨이 조절되는 마이크는 갑자기 큰 소리를 내면 볼륨 레벨이 떨어질 수 있으므로 주의해야 한다.
④ 마이크에다 대고 말하는 것이 아니라 마이크를 통하여 학습대상자에게 말을 건넨다는 기분으로 말한다.

어린 연령의 아동들은 마이크 소리가 갑자기 커지거나, 잡음과 울림이 있을 경우 정서적으로 불안해할 수 있으므로 주의하여야 한다.

• 힘 있고 명확한 목소리로 이야기한다.

어려운 단어, 익숙하지 않은 용어나 전문 용어는 학습대상자들이 알기 쉽게 구체적으로 천천히 반복적으로 설명해 주어야 하며 정확한 발음으로 간단하고, 명쾌하게, 그리고 명확하게 전달해야 한다. 날짜나 명칭 등의 중요한 내용이나 요점은 목소리의 톤이나 제스처에 변화를 주어 강조하고 적당한 몸짓을 사용해 주는 것이 바람직하다. 강조하고 싶을 때는 낱말이나 구절을 강하게 발음하고, 천천히 말하며 강조하고 싶은 부분 앞에 잠시 여유를 두고 되풀이하면 효과적이다.

• 이야기 사이사이에 적절하게 여백을 주는 것이 좋다.

이야기 사이에 적절하게 여백을 주기 위해 교육 도중 잠시 침묵하면 학습대상자는 극도로 긴장을 하게 되어 교수자의 이야기에 빨려 들어오게 된다.

• 교육계획안과 관련된 노트 카드를 준비하는 것이 좋다.

교수자가 발표할 내용을 효과적으로 전달하기 위해서는 전체 원고나 노트 카드를 준비하는 것이 좋다. 전체 원고나 노트 카드는 중요한 핵심내용과 이들 간의 추이 관계를 일목요연하게 기술하면 된다. 취향에 따라 전체 원고 식으로 자세하게 기술할 수도 있고 간략한 메모 식으로 노트 카드를 마련할 수도 있다.

자세한 노트 카드는 교육을 보다 체계적이게는 하지만, 사고 활동을 저해하는 단점을 지닌다. 간략한 메모는 독창성과 자발성을 고무하지만 자칫 교육의 흐름이 빗나갈 수도 있다. 노트의 양은 50분에 최고 10페이지가 적당하다.

전체 원고를 쓸 때는 조금 커다란 글자로 깨끗하게 쓰되 더블 스페이스로 하고 시각자료 등을 사용하는 타이밍이나 제스처 등의 지시사항을 써 넣을 수 있도록 문단 사이는 줄을 띄워 준다.

• 노트 카드를 너무 자주 들여다보지 않는다.

노트나 메모를 너무 자주 들여다보면 대상자로 하여금 불안감을 조성하게 되므로 바람직하지 못하다. 또 노트 카드를 그대로 읽으며 필기하도록 하는 일은 삼가여야 한다.

• 아동들의 주의집중, 동기유발 전략을 활용한다.

학습대상자의 인지발달과 주의집중을 위해서는 일반적인 정보와 세부사항, 쉬운 개념에서 어려운 개념, 단순한 개념 소개에서 복잡한 개념으로 그리고 아동 자신의 주변에 대한 주제에서부터 개념학습을 시작하도록 교수설계를 한다.

유머는 수업내용의 본질과 균형 있고 조화 있게 혼합해야 한다. 그러므로 학습대상자들의 반응 리듬을 잘 파악해 주의집중이 잘 되는 처음 10% 정도의 시간에는 도입부로 이야기 주제를 탐색하거나 문제를 제기하고 수업의 전개를 마친 후에는 마지막 10%의 시간을 남겨 다음 수업활동의 확장이나 문제해결책을 제시하는 것이 바람직하다.

• 학습대상자가 지루하다는 것을 암시하는 행위를 유념한다.

학습대상자가 하품을 하든지 안절부절 하든지, 창문을 내다보는 것 등은 모두 수업활동이 지루함을 암시하는 행위이다. 이때에는 재빨리 다음 주제로 옮겨가서 주의를 집중시켜야 한다. 동시에 이제까지의 전개상황을 머릿속으로 그려 보아 소리가 잘 전달되었는지, 속도는 적당했는지, 강조할 것은 충분히 강조되었는지 등을 생각해 보고 목소리나 제스처에 변화를 주되 학습대상자의 반응을 주목한다.

수업발표 자리나 학습대상자 사이를 왔다갔다한다든지 마이크 코드를 달각거려 구두점을 대신함으로써 분위기에 변화를 줄 수도 있다.

• 교육할 내용을 완전히 소화하여 이야기한다.

교육할 내용을 자기 것으로 완전히 소화하여 자신감 있게 이야기해야 한다. 또 교육은 자연스럽게 진행되어야 하나 또한 열정적이어야 한다. 대상자들은 금방 꾸밈이나 어색함을 눈치 채고 말기 때문에 있는 그대로 대상자를 대하는 것이 바람직하다.

• 대상자들을 놀라게 하는 일을 두려워하지 말아야 한다.

기대하지 않았던 뜻밖의 결론이나 놀라운 그림의 제시 등은 수업진행에 극적인 측면을 첨가해 줄 수 있다. 예를 들면 정지된 상만을 보여주는 투시물자료를 소개할 때 부분 가리기와 부분 벗기기 기법을 사용하고, 그림자극을 병행하거나 편광 테이프와 편광판을 이용한 자료를 보여줌으로써 순환과정의 회전을 제시해 주면 주의환기에 효과가 크다. 즉, 자료의 일부를 가리면 여성의 신체가 되지만 모두를 제시하면 귀여운 강아지가 되는 것 등이 일예이다.

- **잡음이 들어가지 않도록 유의한다.**

말 사이에 잡음이 들어가는 것은 모든 학습대상자를 거슬리게 한다. 이런 버릇은 빨리 고쳐야 한다. 상대와의 거리를 적당히 두어 이야기 도중 침이 튄다든지 하는 일은 반드시 주의해야 한다.

3) 교수자 태도

- 수업 시 예비교사는 교수자이며 무대에 선 배우와 같이 행동해야 한다. 모든 매체는 제각기 다른 특성과 장·단점을 지니고 있으며 완벽한 것은 존재하지 않는다. 그러므로 매체에 너무 의존하지 말고 항상 프레젠테이션에서 중심이 되는 것이 자신이라는 사실을 잊지 말고 프레젠테이션을 이끌어 나갈 수 있어야 한다.
- 커뮤니케이션에서 언어가 차지하는 역할은 단지 7%에 지나지 않으며 나머지 93%는 언어 이외의 전달방법, 즉 몸의 움직임 태도, 표정, 말의 억양, 음조의 변화 등이 담당하게 된다.
- 자신의 교육 장면을 담은 비디오테이프를 검토해 봄으로써 미처 깨닫지 못했던 자신의 이상한 버릇을 찾아내고 수정해 나가는 것이 좋다. 자신의 수업을 비디오테이프에 담아 검토를 하면 수업내용, 자세, 타이밍, 유머, 수업 활동을 관찰하여 자신의 단점을 극복하고 장점을 활용할 수 있게 해준다.
- 학습대상자와 눈을 마주하면 학습대상자의 집중력이 높아지고 결국은 이해도도 높아진다. 교수자의 학습대상자 주시율이 85% 이상이면 성실하게 보이고 친근감을 느끼게 된다. 또 숙련되어 보이고 자신감이 있어 보이고 신뢰감을 느끼게 된다. 반면 15% 이하가 되면 냉정해 보이고 변명투로 보이고 자신감이 없어 보이며 신뢰성이 결여되는 것처럼 보인다.

- 학습대상자들과 눈을 마주 본다는 사실은 주의를 집중하는 데 매우 효과적이다. 그러므로 불을 켠 채 학급의 앞쪽에서 영유아들을 마주보고 강의를 전개해 나갈 수 있는 투시물환등기(OHP)의 사용이 각광을 받는 이유도 여기에 있다. 이때 교수자가 완전 정면으로 학습대상자를 대할 때 가장 강한 인상을 주게 된다. 3/4 전면은 그보다는 약간 약한 느낌을 받게 되고, 옆모습은 훨씬 덜 인상적이다. 칠판이나 스크린을 지적하기 위하여 뒤로 거의 돌아서는 1/4 전면은 가장 비효율적인 자세라고 볼 수 있다.
- 학습대상자를 주시할 때 먼저 오른쪽 뒤쪽을 보는 것이 좋다. 왜냐하면 인간은 본능적으로 심장을 커버하려고 왼쪽을 향하게 되기 때문이다. 그 다음은 교수자 근처의 아동을 보는 것이 좋다. 이들은 기본적으로 동기 유발이 되어 있으므로 그들의 의욕을 꺾지 않을 정도만큼만 눈길을 주면 된다. 유아들의 경우는 교사가 자리배치에 관여하지만 대-중 집단의 발표나 공연이 제공될 때 일반 아동들과 떨어져서 맨 뒤에 앉아 있는 아동이 있는지를 보아야 하다. 이들은 핵심 인물이나 강력한 리더십을 가지는 경우가 많다. 그러므로 중요한 포인트를 이야기할 때 세 번에 한 번꼴로 이들에게 눈길을 주어야 한다.
- 웃는 밝은 얼굴로 교육에 임해야 한다. 학습대상자의 시선은 아래에서 위로 이동하므로 발의 청결 상태는 중요하다. 화려한 무늬의 양말은 피하고 바지의 주름은 잘 펴고 모양을 갖추어야 한다. 의상과 헤어스타일은 단정해야 한다. 교수자가 쇼의 주인공이 되어 가장 좋은 시각자료가 되어야 한다.
- 서 있는 자세로 두 다리는 어깨 넓이 정도로 벌리고 서면 안정감이 있어 좋다. 어깨의 힘을 빼고 내려뜨리는 기분으로 서는 것이 좋다. 등을 펴고 허리에 힘을 주고 서야 한다. 부동자세는 보는 사람을 불편하게 만들므로 피하는 것이 좋다. 손은 가볍게 열어 둔다. 호흡은 천천히 해야 한다. 손을 앞뒤로 맞잡지 않는다. 여기에 자연스러운 제스처를 가미하면 효과적이다.
- 시각자료의 제시나 제스처나 보디랭귀지를 먼저 제시하고 말을 하는 것이 강조에 좋다.
- 학습대상자의 표정이나 태도, 보디랭귀지를 빨리 읽어 학습대상자가 어떤

상태에 있는지를 알아내어야 한다. 집중하지 못한 아동이 있는 경우는 잠깐 침묵하거나 갑자기 큰소리를 내거나 말을 빨리하거나 가까이 다가가서 몸을 움직여 본다. 교육 도중 학습대상자에게로 다가가면 학습대상자가 긴장을 하여 집중을 하게 되고 반대로 멀어지면 학습대상자의 긴장을 풀어 줄 수 있다.

- 방의 앞쪽에 서서 교육을 할 때에 교수자는 무대에 선 배우와 같이 행동해야 한다. 방의 전면을 6영역으로 나누었을 때 학습대상자들에서 가까운 앞쪽 중앙이 가장 강렬한 인상을 줄 수 있고, 가운데 뒤쪽이 그 다음이 되며, 뒤쪽 양 가장자리는 가장 열악한 장소이다. 앞쪽 양끝의 경우는 학습대상자들의 위치에서 봤을 때 왼쪽이 오른쪽보다 강한 인상을 줄 수 있는 장소이다.
- 정지된 상태로부터의 움직임은 시선을 끌게 된다. 새로운 주제로 전환할 때 교수자가 서 있던 자리에서 다른 쪽으로 걸어 이동하게 되면 효과적이다. 이때 학습대상자들 가까이 강의실의 중앙 부위로 이동을 하면 주의를 끌 수가 있고 반대로 학습대상자들로부터 멀리, 양쪽 가장자리로 이동을 하게 되면 관심이 흩어지게 된다. 그러나 필요 이상으로 걸어 다니면 학습대상자들이 어지러움을 느끼고 경박한 인상을 갖게 된다.
- 타인의 신경을 거슬리게 하는 버릇은 피해야 한다. 교육 도중에 무의식적으로 머리를 만진다든지, 또는 볼펜을 눌러대어 짤깍짤깍 소리를 내는 행위나 이야기 도중에 "음---", "어---" 등의 소리를 연발하는 것은 학습대상자들을 성가시게 할 뿐 아니라 교육내용에 열중하기보다 이와 같은 버릇을 관찰하는 데 신경을 집중하게 만든다.
- 질문에 대해 맞는 대답을 했을 때에는 말로 칭찬이나 격려를 하거나 미소나 수긍의 의미로 고개를 끄덕이는 등의 보상을 주어 강화시켜 나가는 것이 효과적이다. 만일 틀린 대답을 했을 경우라도 무안을 주지 말고 왜 그런 대답이 나왔는지를 이해하려고 노력해야 하며 유아들과 같이 생각해 보면서 시정해 나가는 것이 좋다. 잘 모르는 내용에 대해서 질문을 받으면 "잘 모르겠다"고 용기 있게 이야기 하고 "나중에 가르쳐 주겠다"고 한 뒤 반드시 약속을 지킨다.

• 자주 그리게 되는 도형이나 모양은 일단 두꺼운 종이에 그려서 잘라내어 이 본을 칠판이나 화이트보드에 대고 본을 뜨면(형판법) 빠른 시간 내에 자신 있고 정확한 그림을 그릴 수 있다. 또 복잡한 그림은 미리 희미하게 선으로 그려 둔 뒤 강의 중에 빠른 속도로 진하게 덧그려 주면 좋은 인상을 받는다.

✪ ICT 매체 사용하기(이광희, 2003)

교육에 이용할 수 있는 기존 시청각자료와 ICT 자료가 있다. 시청각자료는 초크보드, 화이트보드, 전자 칠판, 포스터, 차트, 자석판, OHP, TV, 비디오, 스피커, 스크린, 유인물, 실물, 모형, 교수자 자신이며, ICT 자료는 CD-ROM 티이틀, 웹, 컴퓨터매개 커뮤니케이션(PPT, 전자메일, 게시판, 채팅), 응용 프로그램 등이 있다.

매체를 사용한 교육은

• 교육을 보다 표준화시킬 수 있다.
• 교육을 보다 재미있게 해준다.
• 교수이론의 적용을 통하여 교육을 보다 상호작용적으로 만들어 준다.
• 교육에 소요되는 시간을 줄여 준다.
• 교육의 질을 높여 준다.
• 교육이 필요 시 필요한 장소에서 이루어질 수 있게 한다.
• 청중이 교육 자체에 대해 긍정적인 태도를 갖게 된다.
• 교수자의 역할이 긍정적인 방향으로 바뀔 수 있다.

제시되는 매체는 다음을 고려한다.

• 정확한지?
• 적절성 : 학습목표 달성 및 사용된 어휘와 개념이 학습자의 수준에 맞는지?
• 범위 : 제작자가 의도한 내용을 모두 다루었는지?
• 흥미 : 학습대상자들의 경험과 관련성이 있는지?
• 조직 : 논리적으로 내용이 전개되었는지?

- 기술 : 색상, 음, 색채 등의 요소들이 선명한지? 이해에 불편이 없는지?
- 동반자료가 첨부되어 있는지?
- 물리적 특성 : 취급, 사용 및 저장이 용이한지? 견고한지? 수리가 간단한지?
- 가격 : 수리에 드는 비용은 어느 정도인지? 유료대여보다 경제적인지?
- 믿을 만한 단체나 기관에서 추천한 것인지?

매체를 사용하여 프레젠테이션 할 때 다음의 사항을 미리 체크해 봐야 한다.

- 전체가 다 듣고 볼 수 있는지?
- 단일자료에는 단일주제만을 제시했는지?
- 불필요한 시각자료를 제시하지는 않았는지?
- 미리 리허설을 해보았는지?
- 기기의 상태를 점검했는지? 조작방법은 연습해 두었는지?
- 고장을 대비한 예비부품은 마련되어 있는지? 등을 점검하여야 한다.

4) 보 고

보고란 상급자에게 지시받은 내용이나 결과를 말이나 글로 알리는 것이다. 지시받은 것은 반드시 보고하여야 하며 지시받지 않은 것도 상급자가 알아야 할 사항이라고 판단되면 보고해야 한다.

- **보고의 상대를 올바르게 정한다.**

보고는 기본적으로 지시 당사자에게 보고를 해야 한다. 어떤 경우에는 최고 관리자가 내린 지시를 중간 관리자에게 보고하는 수가 있는데 이것은 잘못된 것이다.

- **보고의 시기를 놓치지 말아야 한다.**

보고의 적기는 업무가 종결된 즉시 하는 것이 원칙이다. 그러나 일정이 길어지거나 결과가 기대와 다를 가능성이 있을 경우에는 중간보고를 하여 지시자가 상황 판단을 다시 할 기회를 놓치지 않도록 해줄 필요가 있다.

• 내용을 6하 원칙에 입각하여 정리하여 보고한다.

보고는 서면 또는 구두로 한다. 구두로 할 때에도 특히 6하 원칙에 따라 메모하여 보고하면 내용이 정돈되고 듣는 사람이 기억하기에도 쉽다.

5) 전 달

어떤 내용을 다른 사람에게 전하는 중간 역할로 무엇보다 왜곡되지 않고 정확하게 전달해야 하며 시기를 놓치지 않도록 가급적 신속히 해야 한다.

전달의 생명은 정확성이다. 그러나 말을 그대로 기억하기가 어렵거나 장황한 말들은 요약해야 한다. 과정에서 말한 사람의 의도가 왜곡되지 않게 전달하는 것이 가장 중요하다. 전달이 잘못되면 엄청난 오해가 생길 수도 있으므로 전달자는 객관적인 입장에서 자기감정을 개입시키지 말고 전달하되 문자적 전달보다는 분위기와 의중을 잘 파악하여 전달하여야 한다. 정확한 전달을 위해서는 신중한 용어 선택이 중요하다.

전달은 즉시 하는 것이 좋다. 전달이 늦어져서 일을 그르치는 수가 종종 있다. 전달자의 입장에서 판단할 것이 아니라 무조건 즉시 하는 것이 안전하다. 전달자는 문제의 전체 상황을 판단하기 어렵기 때문에 자기가 모른다 해서 긴박하지 않은 상황이라고 판단하면 큰 실수를 할 수가 있다.

6) 요 청

요청은 남에게 폐가 되므로 최소화해야 하나 배우는 입장에서 지도를 청하거나 질문을 하는 것은 오히려 바람직하다. 태도는 정중하게 하며 요청을 수용해 주면 반드시 감사의 뜻을 표하는 것이 예의이다.

7) 실 수

실수에 대한 사과 여부는 인간관계에 중대한 영향을 미친다. 실수를 했거나 잘못을 깨닫게 되었을 때에는 사과를 하고 넘어가야 한다. 적당히 얼버무리거나 못 알아챈 듯 행동하는 것은 사회인으로서 미성숙한 행동이며 국면을 전환시키지 못한다.

실수를 했을 때에는 표정이 아닌 말로 사과한다. 사과는 구체적으로 한다. 첫째 잘못의 내용을 명확히 한다. 둘째 미안함을 표현한다. 셋째 이후의 각오나 대책을 다짐한다. 예를 들면, "제가 부주의하여 교구를 고장냈다(잘못의 내용). 소중한 물건을 못 쓰게 만들어서 죄송하다(미안함). 다음부터는 각별히 조심하겠으며 수리하도록 하겠다 또는 가급적 비슷한 교구를 준비하겠다(이후의 각오와 대책)."

사과는 실수나 잘못을 깨달은 즉시 하는 것이 좋다. 만약 시기를 놓쳤다면 늦었더라도 사과를 해야 그 이후 두 사람의 관계가 편안해진다.

8) 전 화

전화를 걸거나 받을 때는 서로 대면하고 있지 않으므로 신분을 밝혀야 대화의 방식이 결정된다. 그리고 친절하게 용건만 간단히 말한다.

- **신분부터 밝힌다.**

전화는 기본적으로 대면하고 있지 않기 때문에 누구인지 신분을 먼저 밝혀야 대화의 방향을 결정할 수 있다. 예를 들면, "저는 ○○어린이집 예비교사(또는 실습생)○○○입니다"라고 소속, 신분, 이름을 상대방에서 묻기 전에 밝힌다.

- **용건만 간단히 말한다.**

업무상 전화는 가급적 용건만 간단히 말해야 한다. 용건과 관계없는 말을 하면 전화를 한 의도가 무엇이었는지 불분명해질 수가 있다. 예를 들면, "제가 전화를 드린 이유는 ○○ 어머니께서 내일 있을 학부모 회의에 참석하실 것인지 여부를 확인하기 위해서입니다"와 같이 전화한 목적이나 이유를 분명히 말하고 그에 대한 대답을 명확하게 듣는 것이다.

• **친절하게 말한다.**

친절은 말을 장황하게 하는 것이 아니며 하고자 하는 말을 상대방의 수준에 맞추어 잘 알아듣도록 하는 것이다.

또한 교양은 필요 이상으로 목소리나 억양을 부자연스럽게 올리거나 기계적이거나 의례적으로 격식을 갖추어 말해야 하는 것이 아니다. 그냥 밝고 기분 좋은 말투로 배려를 하면 족하다.

• **전화내용을 메모하여 구두전달과 병행한다.**

전화를 받아 내용을 전달해야 할 경우에는 간단한 메모로 전달하는 것이 확실하다. 메모에는 발신자, 수신자, 시간, 내용을 간단히 기록한다. 구두로만 전달하면 때때로 발음과 내용의 부정확성으로 제대로 전달되지 못할 가능성이 다분히 있으므로 구두와 메모 전달을 병행하는 것이 가장 좋다.

구두로 전달이 어려운 상황에는 메모를 우선 갖다 두고 나중에 메모를 읽었는지 꼭 확인해야 한다. 그러기 위해서는 항상 메모지와 필기구를 휴대하는 것이 바람직하다. 예를 들면 다음과 같이 적어 원장 선생님께 드리거나 부재 시에는 책상에 놓아둔다.

9) 회의할 때

• **필기를 한다.**

회의 시 주요사항은 반드시 필기를 하여야 하나 필기에만 몰두하여 전체 회의 흐름을 알지 못하지 않도록 한다.

• **좌석은 끝자리에 앉는다.**

예비교사는 정식 교직원이 아니므로 일반적으로는 교직원 회의에 참석치 않으나 예비교사를 위한 회의일 때에는 참석할 수 있다. 예비교사는 참석자 구성원의 서열을 알아차리고 가장 마지막 서열에 해당하는 자리에 앉는 것이 무난하다. 끝자리는 일반적으로 의장석으로부터 멀수록, 그리고 출입구와 가까운 자리이다.

• 회의 참석 시 바른 자세로 시선을 발언자에 둔다.

회의가 지루하거나 관심 밖의 화제라 하더라도 끝까지 바른 자세를 유지해야 하며, 시선이 발언자가 아닌 엉뚱한 곳을 보고 있거나 핸드폰, 손장난, 낙서를 하거나 졸지 않도록 유의해야 한다.

• 발언 시에는 요지를 분명히 표현한다.

발언 시에는 말하고자 하는 내용을 간결하고도 조리 있게 표현한다. 미리 메모하여 보면서 하면 실수를 줄일 수 있다.

10) 회식의 경우

예비교사가 회식에 참석할 것을 권유받을 수 있는데 참석 여부는 상황을 잘 판단하여 결정한다. 좌석은 상위 서열이 자리 잡고 난 후 끝자리에 앉는 것이 좋다. 음식을 주문할 때에도 상급자가 먼저 시킨 후에 해야 하며 대접한 사람에게 감사의 인사말을 잊지 않는다.

11) 출퇴근

예비교사의 출퇴근 시간은 30분 정도 일찍 출근하고 늦게 퇴근하는 자세를 갖는 것이 좋다. 실습 지도교사들은 예비교사 지도에서 가장 중요한 점을 '성실성'으로 손꼽기 때문이다.

• 옷차림

출퇴근 시 예비교사의 옷차림은 평상시에는 아동들과 하루 종일 다양한 활동을 해야 하므로 활동하기에 편한 옷이 좋다.

행사에는 예비교사들도 교사의 품위에 맞는 정장을 입는 것이 좋으며, 예비교사에게는 맨발을 허용하지 않는 경향이 있으므로 덧신, 실내화, 양말 착용 등 교사의 표준적인 규범을 배워야 한다.

• **머리**

긴 머리는 활동성을 방해할 수 있으므로 근무 중에는 묶는 것이 좋다. 짧은 머리라도 앞머리가 눈을 가리는 것은 근무자세에 좋지 않으므로 얼굴이 아동에게 확실하게 드러나도록 하는 것이 깔끔하고 안정감을 줄 수 있을 것이다. 또한 머리염색으로 원래의 머리 색깔로부터 특별히 동떨어진 색깔이 아니도록 주의한다.

• **화장**

엷은 정도의 화장이면 무난하나 영아의 경우 스킨십이 많아 현장에서는 화장을 허락하지 않는 경우가 많다. 눈 화장도 파우더와 립스틱에 비해서는 수용하는 범위가 좁은 편이므로 요란하지 않게 한다. 향수는 가급적 사용하지 않는 것이 좋다. 특히 여름에는 땀 냄새와 섞여 주변 사람이 불쾌할 수 있다.

• **장신구**

목걸이는 영아반일 경우에는 아동을 안을 때 걸리거나 아동이 잡아당길 수도 있으므로 사고의 위험이 있다. 흔들거리는 귀걸이는 아동의 시선을 교사의 눈이 아닌 귀에 집중시킴으로써 눈 맞춤에 비교육적인 자극이 될 수 있으며 잡아당기는 사고가 발생할 수도 있다. 돌출한 반지도 아동을 긁히게 할 수 있으므로 근무 중 착용하지 않도록 한다.

12) 물품 사용

물품 사용 시에도 주의가 필요하다. 사무기기 사용은 비용이 발생하거나 고장이나 사고가 생길 수 있는 문제이므로 사전 허락을 받는 것이 필요하다. 예비교사는 지도교사의 허락 하에서만 물품을 사용해야 될 것이다. 교구제작용 준비물이나 복사용지 같은 것을 개인적인 용도로 쓰지 않아야 한다.

13) 수 업

수업활동에서 가장 중요한 것은 계획안이다. 계획안은 준비성을 드러내는 것이며 미리 잘 준비하면 자신감을 가질 수 있다. 예비교사는 수업에 대하여 지도교사와 의논하여 계획안을 작성해야 한다. 표준보육과정에 따라 지도교사의 지속적인 교육의 흐름과 의도를 주제, 방법, 자료까지 전적으로 따라야 한다.

14) 언 어

예비교사는 수업 시 아동에게 존댓말을 사용해야 한다. 현장에서 교사가 경어를 쓰지 않는 예가 있는데 때로는 자연스러워 보이고 친근감을 주는 것처럼 보인다. 그러나 수업시간에는 아동의 인격을 존중하여 공식적으로 경어를 쓰는 것이 바람직하다. 유행어, 속어나 은어는 지나치지 않는다면 주의를 집중시키거나 흥미를 유발하기 위하여 다소 허용되고 있다. 주의할 점은 지나치지 않게 재치 있게 사용하여야 한다.

15) 인간관계

• 원장과의 관계

원장은 그 기관의 최고 책임자로서 존경하고 따른다. 특히 실습 시작과 끝에는 찾아가서 반듯하게 인사를 하는 것이 좋다. 예비교사는 다소 어색하고 번거롭더라도 인사를 철저히 한다.

• 교직원과의 관계

예비교사는 지도교사뿐만 아니라 모든 교직원으로부터 실습 지도를 받는 것임을 명심해야 한다. 교직원 간의 서열을 잘 파악하여 적당히 예의를 갖추며, 친절하게 대해 주면 배우는 사람으로서의 겸손한 태도를 잃지 않고 순종해야 한다.

• 아동과의 관계

아동에게 예비교사는 '가르치는 사람'인 동시에 배우는 입장임을 알린다. 아동에게 애정 어린 태도를 보이는 것은 좋으나 지나치게 개인적인 관계로 발전하지 않도록 절제할 줄 알아야 한다. 또한 예비교사는 어떤 경우에라도(설사 지도교사는 체벌을 하더라도) 체벌을 하지 않아야 한다.

• 예비교사 간의 관계

예비교사들끼리도 존댓말을 사용한다. 예비교사들끼리는 평소에 이름을 부르는 친구라 하더라도 아동과 교사, 학부모 앞에서는 예의를 지키며 '선생님'이라는 호칭을 사용하는 것이 반드시 필요하다. 같은 학교 간의 교사들끼리 지나치게 친한 언행을 자제하고 교사로서의 언어예절을 지킨다.

• 학부모와의 관계

예비교사는 학부모를 면담하지 않는 것이 원칙이다. 학부모와의 관계는 예비교사가 파악하기 어려운 다양한 문제들과 관련이 있을 수도 있다. 예비교사는 그 기관에서 정규직이 아니므로 대외적 문제에 개입하지 않는 것이 바람직하다.

• 기타 종사자와의 관계

그 외 여러 종류의 종사자들에게는 '배우는 사람'으로서의 입장에서 상황에 맞게 처신하는 융통성을 잘 발휘하며, 존중하고 겸손한 태도를 보여야 한다.

16) 기 타

• 실습일지

실습일지는 커버를 하는 것이 좋으며, 반드시 매일 휴대하여야 한다. 집에 두고 다니지 않아야 한다.

• 도시락

점심은 비용이 드는 문제이므로 예비교사는 도시락 지참 여부를 반드시 문의하여 실습기관의 형편에 맞추어 행동한다. 급식이 있더라도 비용문제는 반드시 확인해야 한다. 학급 내에서 허락 없이 개인 도시락을 지참하지 않도록 한다.

• 실내화

실내화는 덧신이나 양말을 신는 기관들도 있으므로 실습을 나가는 그 기관에 문의해서 정하는 것이 좋다. 일반적으로는 걸을 때 소리가 나지 않으며, 편안하고, 굽과 장식이 없는 것이 좋다. 냄새가 나지 않도록 항상 청결해야 한다.

• 명찰

명찰은 보통 파견기관에서 배부하나 그렇지 않을 경우에는 만들어서 착용한다. 파견한 기관명과 '실습생 : ○○○'라고 정자체로 이름을 써서 왼쪽 가슴에 항상 달고 생활한다. 영아반일 경우는 안는 활동 중 해가 되지 않도록 주의한다.

• 앞치마

보육활동에는 앞치마가 필요한 일이 많다. 더러움이 잘 안 타고 요란한 장식이나 무늬가 없는 것으로 준비해 둔다. 작업시간, 간식시간, 점심시간, 청소

시간에는 앞치마를 작업복 대신에 착용한다. 기관별로 앞치마를 사용하지 않는 곳이 있으므로 문의한 후 착용하도록 한다.

• 필기구

예비교사는 항상 필기구를 휴대하여 지시사항이나 중요한 사항은 즉시 기록해 두면 실수를 줄이고 업무를 확실하게 수행하는 데 도움이 된다. 기록을 잘하는 태도는 신뢰감을 준다. 그러나 너무 필기에 몰두하여 상호작용에 방해가 되는 경우도 있으므로 지도교사의 지침을 따른다.

• 비상금

만약의 상황에 대처하려면 소액의 비상금을 지참하는 것이 도움이 된다.

06

문서작성 요령

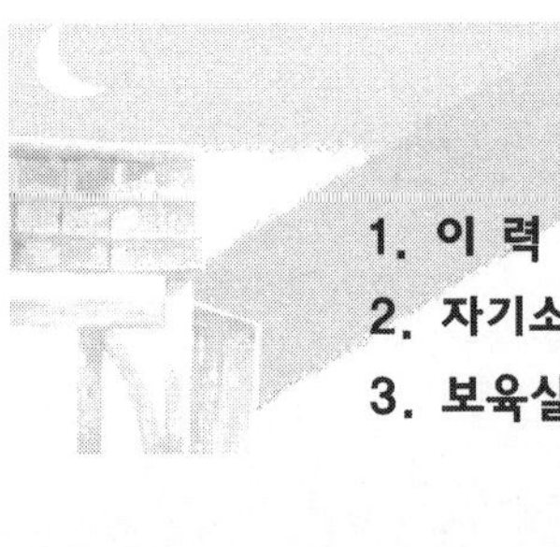

1. 이 력 서

이력서는 실습을 나갈 때와 취업할 때 꼭 지참해야 할 서류이다. 자신을 일목요연하게 알리는 중요한 문서이므로 신중하게 써야 한다. 이력서를 쓸 때는 중요한 점만 간단하고 일목요연하게 표현해야 한다.

이력서를 쓰는 요령을 정리하면 다음과 같으며 체계적으로 기록하여야 한다.

- **내용으로 이름, 현주소, 생년월일, 병역관계, 결혼 여부, 가족관계, 연락처를 쓴다.**

항상 연락이 닿을 수 있게 휴대폰 번호, 집 전화번호, 주소, 우편번호, 이메일 주소를 포함시킨다.

- **보육교사 자격증 발급에 준하는 좋은 이미지의 사진을 첨부한다.**

보육교사 자격증 발급에 준하는 사진이어야 하며 단정한 용모의 좋은 인상의 사진을 골라 사용하되 배경이 어둡거나 무늬가 없어야 하며 지나치게 수정하여 실물과 너무 다르지 않아야 신뢰감을 준다.

- **내용은 주제별로 나누어 정리한다.**

학력, 경력, 자격증 및 연수 등의 순서대로 모아서 정렬한다. 일의 발생시기로 정렬해야 한다.

- **'학력'은 고교부터 쓰는 것이 무난하며 쓰지 않아도 무방하다.**

학력에는 고교부터 쓰는 것이 무난하며 기간을 쓰고 '○○대학교 ○○학과 졸업'이라고 쓰면 충분하다.

• '경력사항'은 자세히 적되, 관련된 사항만 정리하는 것이 좋다.

어디에서 무슨 일을 했는지 어떤 성과가 있었는지, 특히 취업 희망 직무와 관련된 부분에 중점을 두어 작성하되 과장하지 않고 솔직하게 정리한다. 재학 중 동아리 활동이나 학생회 활동, 봉사활동, 수상경력 등은 어떤 내용이었는지 제목이나 주제를 깔끔하게 쓴다. 또한 실습의 종류나 기간, 실습기관명, 실습 담당 아동의 연령 등을 정리하여 기록하면 좋다.

• 자격증, 연수경력, 외국어, 컴퓨터에 관한 능력도 뛰어나면 기록한다.

자격증은 전공 관련 자격을 기록하되 예비교사인 경우에는 무엇이든지 성실하게 살아왔다는 표시일 수 있으므로 가급적 좋은 것은 다 기록한다.

• 특기와 취미도 적는다.

보육교사의 업무능력을 향상시킬 수 있는 특기와 취미는 쓰는 것이 좋다. 업무에 위험성이 있는 취미, 특히 시간을 많이 필요로 하는 취미는 충실할 것 같지 않은 인상을 줄 수도 있으므로 고려해서 쓴다.

• 서체는 정자체로 서식은 보기 좋게, 글씨 크기는 11~12포인트 정도가 무난하다.

글씨체는 모양내기를 하지 말고 정자체로 한다. 서식은 일목요연하게 정돈하고, 글씨 크기는 11~12포인트가 무난하며 취업면접자의 연령이 높을 경우 좀 크게, 주요단어는 진하게 하면 좋다.

• 오자·탈자를 철저히 체크한다.

오자·탈자가 보이면 부주의한 사람으로 보이며 업무 능력이 떨어져 보이므로 세심하게 주의한다.

〈표 6-1〉 이력서 예시

이 력 서

※ 인적사항

성명	한글		주민번호	
	한자		전화번호	
E-mail			핸 드 폰	
호주와의 관계			호주성명	
주 소				

※ 학력사항

년	월	일	학 교 명	발 령 청
2011	10	7	(현) **대학 *****과 재학 중	총 장
2010	3	2	**대학 ****과 입학	총 장
2009	2	15	**여자 고등학교 졸업	학 교 장

※ 자격 및 상벌사항

년	월	일	자 격 명 칭	발 령 청
2012	2		보육교사 2급 취득 예정	보건복지가족부
2012	2		실기교육 자격 취득 예정	교육과학부
2011	9	23	졸업 작품 및 전시회 (부문 :유아 동극)	**대학 총장
2011			제*회 보육기술 경진대회 상장 (부문 :손인형극)	**대학 총장
2011	6	25	방과후 아동지도사 자격증 취득	한국 아동 교육 지도자 평가원
2010	5	14	제*회 보육기술 경진대회 상장 (부문 :손인형극)	**대학 총장
2010	5	31	유아레크리에이션 1급 자격증 취득	레크리에이션 연합회장
2010	5	31	유아 체육 1급 자격증 취득	레크리에이션 연합회장

※ 학과 활동 및 경력사항

기 간			활 동 내 용	비 고
2011	11	11	특수아동실습 (** 학교)	
2011	8	26	** 어린이집 봉사	
2011	6 7	27~ 22	**어린이집 본 실습(160시간 이수)	
2011	5	3	공연 봉사 ** 어린이집(별난재주 삼형제)	
2011	4 4	4~ 15	** 어린이집 사전 실습(80시간 이수)	
2010	5	14	공연 봉사 **어린이집(아기돼지삼형제)	

※ 특기사항

과 목	특 기 사 항
OA실무	word processing(한글2005), Ms office 2005(word Excel, power point)
음악	피아노 반주
풍선아트	풍선아트 기본
아동음악과 동작	손유희 20개

상기 위의 내용은 사실과 다름없음

20**년 **월 **일

*** (인)

2. 자기소개서

자기소개서는 이력서와 함께 자신을 알리는 중요한 문서이므로 여러 번 다듬어서 간결하고도 내용이 충실하게 읽을거리가 있게 써야 한다.

• 장점과 단점의 기술

장점과 단점의 나열 그 자체보다 이유의 기술이 중요하다. 그리고 단점을 개선하기 위해 어떤 노력을 하고 있는가를 논리적으로 써야 한다. 특히 장점과 단점이 서로 모순되지 않도록 한다. 예를 들면, 성장배경에는 차분한 성격이라고 기록되어 있는데 다른 부분 서술 시 성격이 급하다고 쓰기도 한다.

• 학업, 특별활동, 취미, 특기와 성장에 미친 영향 기술

학업 이외의 활동영역을 기술한다. 취미나 특기의 나열보다는 그 의미를 기술해야 한다. 예를 들면, 취미가 영화감상이라면 자기에게 영화감상은 어떤 가치가 있는지에 대하여 기술한다. 학교 임원 경력을 쓸 때는 그 활동을 통해 자신을 성장시켰던 내용을 쓰면 된다.

실습 시 유아를 통솔하면서 새삼 확인하게 되는 자신의 부족함 등을 솔직하게 기술하면서 삶의 자세나 방향을 새롭게 인식하게 되었다는 내용을 쓰면 자연스럽다.

• 인생관과 신조 기술

중요한 사건이나 경험을 근거로 그에 따라 형성된 가치관이나 인생관을 인과관계로 설명한다. 생활신조나 생각에 영향을 준 글이나 뒷받침해 줄 전문가의 말을 인용하면 자신의 생각을 돋보이게 피력할 수 있고 설득력이 강해진다.

〈표 6-2〉 자기소개서 예시

자 기 소 개 서 예시

성장과정

저희 부모님은 무엇보다도 가족 간의 사랑과 신뢰를 중요시 여기시며 저도 역시 가족 간의 사랑과 신뢰가 인생에서 중요하다고 생각합니다. 매일 저녁식사 시간 후 온 가족이 둘러 앉아 하루 일과를 정리하며 이야기를 나누었습니다. 막내로 부모님과 오빠의 사랑을 많이 받고 자란만큼 상대방을 사랑할 줄 알고 존중하고 베푸는 사람이 되라고 지금도 부모님의 가르침을 받고 있습니다.

학창생활

후회 없는 대학생활을 위해서 봉사 및 다양한 활동을 하였고, 학과 행사 때에는 사진촬영과 비디오 촬영을 하기도 했습니다. 졸업전시에서는 교재교구 개발 작품, 졸업공연에서는 **** 등 학교 행사에 적극적으로 참여하였습니다. 2년 동안 학교를 다니면서 보육교사로서의 자질을 배우고 익히기 위해서 보육과정의 기초 이론뿐 아니라 사전실습 및 본 실습을 이수하였습니다.

성격 및 생활신조

저는 운동을 좋아하며 활발하여 다양한 친구들을 사귀는 편입니다. 스터디 그룹친구, 운동친구, 동아리친구 등 사교성이 좋아 새로운 사람들이나 여러 사람들과 이야기하고 함께 하는 것을 좋아합니다. 사람들을 좋아하다보니 거절을 잘 못해서 고생하는 경우가 종종 있지만 긍정적인 사고방식을 가지고 있어 시간이 지나면 다 잊는 성격입니다.

저의 신조는 '*** 마인드'입니다. 타인과 만나는 모든 만남을 ***와 같이 상대의 마음을 쉽게 받아들이고, 저의 마음 또한 쉽게 전달할 수 있어야 한다고 생각합니다.

지원동기 및 포부

아동보육의 여러 과목을 공부하면서 '어린이는 나라의 보배'라는 생각을 많이 했습니다. 평범하지만 가장 중요하다는 생각이 들었고, 이런 나라의 보배인 어린이들에게 '교육'이 중요하고 또 교육을 할 교사가 중요한 임무라는 생각이 들어서 원에 흔쾌히 지원하기로 결정했습니다. '누군가를 가르치기 위해서는 10배의 노력을 해야 한다'는 말과 같이 교사는 학습에의 노력을 많이 해야 한다고 생각하기 때문에, 항상 노력하고 투자하고 고민하는 교사가 되고 싶습니다. 주위에서 '보육교사'라 하면 ****로 생각하기도 하는데, 저는 아이들이 자신의 잠재능력을 발휘할 수 있도록 도와주고 싶습니다. 아이들이 쉽게 다가오고 편한 교감이 이루어지도록 항상 '만남'을 소중히 하는 자세로 노력할 것입니다.

작성일자 : 20**년 **월 **일

작성자 : *** (인)

• 전공 선택의 이유 기술

전공 선택을 밝힐 때는 구체적인 경험이 제시되어야 하고 그와 관련된 이유를 타당하게 기술해야 한다.

• 솔직하고 겸손한 마음으로 쓰면 감동을 준다.

성장배경이나 학창시절의 경험을 솔직하고 겸손하게 진술하는 것은 어떤 미사여구보다 훨씬 설득력을 가지며 감동을 준다.

• 문체는 짧게 한다.

긴 문장보다는 짧은 단문형이 말에 힘이 있고 표현이 명료하게 된다. 분량은 A4 용지 1장~1장 반 정도가 무난하다. 글씨 크기는 11포인트가 적당하다.

• 자기소개의 문체는 자신의 관점을 자기다운 언어로 서술하여야 한다.

인터넷에서 다른 사람의 소개서를 다운받거나 어디서 모방한 듯한 유식한 티를 내는 것은 부자연스럽다. 자신의 관점을 나타내는 자연스러운 말투가 좋다.

• 장래의 희망은 과장하거나, 지나치게 모범답안의 형식은 피하는 것이 유리하다.

희망에 대하여 틀에 박힌 모범답안식의 소개서는 수행 가능성이 없으며, 독특한 표현력으로 서술하는 것이 진실하고 개성 있어 보인다.

• 일에 대한 열정과 배우려는 자세의 진지함이 보이면 호감을 준다.

일에 대한 특별한 동기와 열의, 그 일이 가치 있는 자기만의 경험에 근거하여 쓰면 소신 있어 보이며 진지해 보인다. 이때 자신의 졸업작품이나 자격증, 동아리 활동, 봉사활동 등을 연계하는 것이 호감을 준다.

• **전체적인 일관성이 중요하다.**

글 전체를 하나의 관점을 중점으로 종합자 분석의 형태로 일관된 구조와 흐름을 보여주는 것이 필요하다.

• **맞춤법, 띄어쓰기를 철저히 점검해야 한다.**

맞춤법과 띄어쓰기 같은 사소한 실수는 정확성이 없어 보이게 하며 신뢰감을 주지 못한다. 사람의 능력을 평가하는 기회가 되기 때문이다.

• **어휘 선택을 적절하게 하고 표현의 일관성을 유지해야 한다.**

같은 뜻이라도 정확한 어휘를 사용하되 중복되지 않으면서도 의미가 점점 강화되게 서술한다.

• **상투적인 격식을 너무 따르지 말고, 개성 있게 진술하며 이름 소개로 뻔하게 시작하지 않는다.**

많은 서류에서 구별될 수 있는 자기만의 강한 인상과 감동을 주는 특별함이 있어야 한다.

• **취업기관의 유형에 맞춰 그때마다 알맞은 자기소개서를 따로 쓴다.**

실습 때와 취업 때는 다른 소개서를 써야 한다. 대상에 따라 표현과 강조점을 다르게 하는 것이 좋다.

3. 보육실습일지

보육실습일지는 예비교사 실습의 전 과정을 비추어 주는 기록장이므로 구체적이며 실질적으로 철저하게 작성하여야 한다(부록 참조).

보육실습일지는 예비교사가 실습 기간 동안 자신의 실습활동 내용을 매일 단계별·영역별로 기록하고, 지도교사 및 시설장의 지도·평가 내용을 함께 기록하도록 되어 있는 활동 기록장이다.

예비교사는 실습 첫날부터 끝나는 날까지 하루의 일과 및 그날의 실습내용·평가·반성을 기록하고 지도교사의 평가와 조언을 받아 원감 또는 원장에게 제출한다. 실습을 마친 후에는 대학의 실습과목 지도교수에 제출하여 검토와 지도를 받아 실습의 전 과정을 마치게 된다.

보육실습일지를 기록할 때에는 실습일지를 보는 사람이 예비교사의 실습과정을 비디오로 보는 것같이 느끼도록 기록한다. 실습 전체의 내용, 느낌 및 반성을 상세히 기록하고, 간결하면서도 구체적이며 명확하게 기록한다. 또한 예비교사의 주관적인 소감과 객관적인 사실을 구분하여, 편견이나 선입관 없이 기록한다. 매일 기록함으로써 실습의 전 과정에 대한 자기평가 능력을 기를 수 있으며, 앞으로의 실습과정을 예측·준비할 수 있기도 하다. 또한 지도교사의 조언 및 평가를 통해서 실습에 보다 적극적인 자세로 임할 수 있다.

실습일지는 예비교사로서 자질을 갖추어 가면서 성장하는 자서전적 기록이므로 실습을 마친 후에도 귀중한 자료가 된다.

보육실습일지 기록의 일반적인 유의사항은 다음과 같다.

1) 일지 기록

(1) 매일 기록, 지도교사 및 원장의 점검

예비교사는 하루 일과가 끝나면 일지를 기록하여 지도교사에게 제출하고 다음날 아침에 출근하여 되돌려 받는다. 대부분의 지도교사는 일지를 매일 제출해야 하며, 퇴근하기 전에 작성하도록 지도한다. 일지를 제출할 때에는 예비교사의 도장을 먼저 날인하여 제출하며, 실습이 끝나면 대학에 제출한다.

(2) 구체적으로 자세하게 기술

일지를 기록할 때에는 지도교사와 아동의 상호작용 및 활동방법 등을 기록한다. 기록할 내용이 많아 일지의 여백이 부족할 때에는 별도의 용지에 기록하여 일지에 붙인다.

(3) 간결하면서 분명한 단어로 표현

일지작성 시 불분명하고 모호한 단어, 지나치게 긴 문장의 사용은 자제하고 정확한 단어와 간결한 문장으로 기록한다. 특히, 지도교사와의 협의 및 전달사항은 간결하고 분명하게 정리·기록하며, 확실하게 마무리 지어졌는지 확인한다.

(4) 정자체로 기록하고, 표준어 사용

실습일지를 자필로 기록할 때에는 깨끗하게 정자체로 기록하도록 하며, 탈자나 오자가 없도록 한다. 컴퓨터로 일지를 작성할 때에도 알아보기 쉽도록 작성하며, 표준어를 사용한다.

(5) 사진 및 그림 자료 첨부

지도교사와 아동의 활동과정, 학습자료, 활동의 결과물로 나온 작품, 하루 일과 모습 등 참고할 수 있는 자료는 사진을 촬영하여 기록한 내용에 첨부한다.

2) 출 근 부

출근부는 예비교사의 출근 및 결근, 지각, 조퇴 등의 출근 상황을 적는 장부이다. 실습 어린이집명과 예비교사의 학번 및 성명, 실습기간, 날짜와 요일을 반드시 기록한다. 비고란의 결근수 · 지각수 · 조퇴수는 실습 어린이집에서 기록한다.

예비교사는 실습 어린이집에서 정해 준 출근시간보다 10분에서 20분 정도 일찍 출근하도록 한다. 출근 시 바로 출근부에 도장을 찍거나 사인을 하고, 출근시간도 함께 기록하는 것이 좋다.

3) 실습 일정표

보육실습은 실습 어린이집의 상황이나 지도교사의 교육관에 따라 달라질 수 있다. 일반적으로는 4주에 걸쳐 참관부터 종일수업까지 경험하게 되며, 보육교사로서의 직무를 전체적으로 수행하게 된다(박낭자 외 8인, 2006).

첫째 주, 어린이집 현황과 실습의 전반적인 과정에 대한 오리엔테이션을 받고, 실습계획을 협의한다. 또한 예비교사와 교직원, 원아 간 상호인사를 하고, 보육활동 관찰 및 참관을 하며 하루 일과를 몸에 익히게 된다. 영유아 관찰과 영유아의 교우도를 작성한다. 이 시기에 예비교사는 가능한 한 빨리 영유아의 이름과 얼굴을 기억하도록 하며, 지도교사와 충분히 상의하여 지도계획을 세우도록 한다.

둘째 주, 보육활동 및 생활지도에 참가하면서 실습반의 보조교사와 같은 역할을 한다. 영유아를 계속적으로 관찰하고, 교재연구 및 교구제작 계획서를 어린이집에 제출한다. 부분수업을 경험할 수도 있다. 이 시기에 예비교사는 영유아의 수준과 특성을 잘 파악하여 부분수업 및 실제수업 준비에 반영하도록 한다. 또한 자유놀이 및 지도교사의 수업에 필요한 교구를 함께 제작하고, 전반적인 실습에 대해서 자기점검 및 반성하는 시간을 갖도록 한다.

셋째 주, 그동안의 실습을 토대로 부분수업과 연계수업을 진행한다. 보육활동 계획안과 교재교구 제작 계획안을 지도교사와 상의하여 제출하며, 부적응 영유아 지도계획을 작성하고 실제로 지도해 본다. 부분수업과 함께 간식지도 및 자유놀이지도, 등·하원 지도를 부분적으로 경험하며, 교사 회의에 참여한다. 이 시기에 예비교사는 부분수업을 진행하기 전에 지도교사와 충분히 상의하고, 철저하게 준비하여 수업을 진행한다. 하루 일과의 한 부분을 지도할 때에는 기존의 규칙이나 방법에 어긋나지 않도록 지도한다.

넷째 주, 실습의 마지막 주로 종일수업과 교구 제출을 한다. 영유아의 생활지도나 놀이지도를 실제로 지도하며, 실제 보육교사로서의 모든 역할을 경험하게 된다. 넷째 주 금요일에는 전체적인 보육실습에 대한 평가와 보육교사로서의 자질에 대해 토의하며, 실습을 마무리하게 된다. 이 시기에 예비교사는 무엇보다 수업준비를 충실하게 하여 종일수업을 잘 진행하며, 실습 마무리를 잘 할 수 있도록 힘쓴다.

4) 시설의 대지 및 평면도 작성

보육시설의 대지 및 평면도를 그릴 때에는 대지, 건물, 실외 놀이터 형태, 놀이기구 및 시설, 설비 등을 포함한 보육시설 전체의 배치도를 그린다. 상가 건물인 경우에는 건물 내의 교실, 입구, 화장실, 계단 등 기타 시설, 설비의 위치를 자세하게 그린다. 또한 보육시설의 건물 형태 및 실내외 시설·설비의 위치, 특징을 기록하고, 가능한 도식을 사용하여 그린다. 어린이집에 대지 및 평면도가 있으면 자료를 받아 붙이도록 한다.

교실 평면도 및 환경 구성도를 그릴 때에는 교실의 출입구, 창문, 싱크대 등의 시설을 그리고 기록한다. 또한 실습 학습의 실내 흥미영역의 배치를 자세하게 그리고 해당하는 영역명을 기록한다. 특징적인 교구 및 학습자료, 벽면구성, 게시물, 교구장의 배치 및 교구의 특징을 기록한다.

5) 교육계획안

연간 교육계획안은 크게 교육과 보육 부분으로 나누어 수립할 수 있다. 교육과정은 교육부의 유아교육지도 자료집과 표준보육과정의 내용에 의해서 계획하고, 보육과정은 생활습관지도·안전지도 등의 내용으로 계획하게 된다. 일반적으로 교육과 보육은 서로 분리할 수 없으므로 각 주제에 맞게 계획하여 진행하는 경우가 많다.

월간 교육계획안은 연간계획을 월별로 나누어 좀 더 상세히 계획하여 기록한 것이다. 한 달 동안의 주제와 목표, 활동 등 계획을 한눈에 알아볼 수 있도록 기록하며, 그 달에 해당하는 원의 행사도 함께 기록한다. 자세한 요일별 활동은 기록하지 않는다.

주간 교육계획안은 월간 교육계획을 더 상세히 나누어 계획하고 기록한 것이다. 주간 교육계획안에는 하루 일과의 흐름이 기록되어 있어야 하며, 활동

명, 주제 및 목표, 간식 및 점신식단, 가정 통신문, 행사 등의 내용이 가능한 한 상세하고 명확하게 기록되어 있어야 한다.

예비교사는 실습을 시작하면, 실습 어린이집에서 연간 및 월간·주간 교육계획안을 받아 일지에 붙이도록 한다.

6) 관찰기록

관찰은 일상생활의 자연스러운 행동을 연구하는 데 가장 적합한 방법으로, 객관적 자료를 수집하기 위한 절차이다. 관찰을 통하여 영유아의 발달을 여러 측면에서 봄으로써 발달 정도와 개인차를 알 수 있으며, 관찰을 토대로 실제 보육활동에 반영시킬 수 있다. 또한 영유아가 가지고 있는 문제점이 무엇인지 분석하고 진단해 볼 수 있는 기회가 되며, 편견 없이 객관적으로 영유아를 바라볼 수 있게 된다. 보육현장에서는 하루 일과에서 관찰한 내용을 기록함으로써 학부모와 면담자료나 영유아의 성장 프로그램 파일, 영유아 지도자료를 사용한다.

예비교사는 지도교사와 협의한 후 관찰기록을 실습 초반에 시작한다. 예비교사가 기록하는 관찰방법은 표본식 기술로 그 상황을 보지 않은 사람도 기록을 보고 그 당시의 상황을 그대로 재현할 수 있을 정도로 자세하게 기록한다. 관찰기록을 작성할 때에는 관찰 대상자를 정하고, 문제행동의 발생 유무뿐 아니라 행동의 순서까지 정확히 기록한다. 또한 관찰 대상 영유아의 행동 및 장소, 관찰 목적, 장면을 결정하여 기록하고, 상황의 정확한 이해를 위하여 관찰 행동의 전후 상황도 자세하게 기록한다.

07

영유아를 위한 교육공학

1. 영유아와 정보화능력의 필요성

현대사회에서 영유아들은 몬테소리와 같은 준비된 환경 속에서 놀이도구를 능숙하게 다루며 자신의 개성을 창출하며 만족감과 행복감을 느낀다. 또한 프로젝트 접근법을 이용한 영유아 프로그램에서 더욱 능동적이고 적극적인 학습의 주체로서 가능성을 인정받고 발달하는 기회를 가지고 있다. 그리고 레지오 에밀리아 유아교육의 공동체 정신을 바탕으로 영유아기관과 학부모나 지역사회와의 협주를 무엇보다 중요시하는 영유아환경에 이르렀다.

21세기 영유아들은 놀고 배우며 생활하는 가운데 다양한 전자매체에 노출되어 있다. 태어나서부터 텔레비전을 보게 되고, 컴퓨터 게임을 통한 그림환경을 즐기며 전자레인지, 핸드폰 등과 함께 ICT(Information Communication Technology)가 생활의 일부가 되는 정보화환경에서 자라고 있다.

정보화를 위한 ICT 능력은 각종 ICT 도구를 효과적으로 사용하여 정보를 분석, 처리, 자료화하며, 이를 바탕으로 특정 사건을 모형화하고 측정할 수 있는 능력을 갖추는 것을 말한다. 즉, 주어진 문제를 해결하기 위하여 ICT 도구를 사용하고, 학습 보충을 위하여 ICT 도구를 사용하며, 직업과 사회생활에서 ICT의 의미를 이해할 수 있는 능력을 갖추는 것이다.

영국이 2000년 9월부터 실행하는 컴퓨터교육 교과과정에 제시되는 연령별 ICT 능력습득 기준을 보면 다음과 같다(주영주, 이광희, 하영자, 2006).

① 5~7세 단계 : 아이들이 컴퓨터 사용에 친숙함을 가지고 정보를 다룰 수 있어야 한다.

- 사람, 책, 데이터베이스, CD-ROM, 비디오, TV를 통해 자신이 원하는 정보를 수집한다.
- 정보를 파일로 저장하고 저장정보를 탐색한다.
- 기존문서에 텍스트, 테이블, 이미지, 음향 등을 추가하여 자신의 문서로 작성한다.

- 어드벤처 게임, 시뮬레이션을 통하여 동작수행의 원리를 이해한다.
- 자신의 작업을 검토하고 개선점을 논의한다.

② 7~11세 단계 : 아이들은 수집된 정보를 단순히 보여주는 차원에서 발전하여 상호 의견교환을 통하여 정보의 질을 평가할 수 있다.

- 필요 정보를 찾는 방법에 대하여 토론한다.
- 정보에 대한 해석을 하고, 가치를 평가할 수 있거나 오류인지 판단을 내린다.
- 자신의 생각과 정보를 다양한 매체를 이용하여 표현한다.
- 가설을 세우고 시뮬레이션을 통해 결과를 비교한다.
- 전자우편 사용을 통하여 의사소통이 가능하고 상대방이 원하는 정보에 대하여 고려할 수 있다.

이와 같은 유아대상의 ICT의 발달과 교육과정은 새로운 지식정보사회로의 변화를 일으키고 영유아교육에 있어서 ICT 활용의 필요성을 점점 더 증가시키고 있다.

영유아에 대한 ICT 활용교육의 필요성은 크게 2가지로 구분할 수 있다.

첫째는, 영유아 자신들의 ICT 활용능력을 키워 주기 위한 것이다. 즉 영유아들의 ICT 리터러시 능력을 향상시키는 것으로, 영유아의 ICT 활용능력의 육성은 컴퓨터나 인터넷의 활용이 향후 이들의 교육이나 직업 활동은 물론 일상생활에서까지 필수적인 요소이기 때문에 이에 대한 준비를 위해서 요구된다.

둘째는 ICT를 활용하여 보다 효과적인 영유아교육을 실시하는 것이다. 이는 영유아교육기관의 교사들이나 가정의 학부모들의 ICT 리터러시를 향상시킴으로써 가능하다. 초중등학교에서 교사들이 ICT를 활용하여 교육의 효과를 높이는 것과 같이 영유아교육에서도 ICT를 교수 도구로 사용하여 효과를 향상시킬 수 있다.

그러나, 이와 같이 유아를 위한 ICT 활용교육의 필요성이 강조되고 있음에도 불구하고 영유아에 대한 정보화교육에 대해서는 긍정적인 견해뿐 아니라 부정적인 견해도 만만치 않다. 영유아의 발달단계상 컴퓨터를 활용하는 ICT 활용이 부정적인 영향을 미칠 수 있다는 것이다.

구체적으로 Elkind(1987)는 유아들이 컴퓨터 사용을 너무 일찍 배우도록 강요당하면 정서적으로 불안하게 만든다고 했다. 또 유아들이 컴퓨터 소프트웨어를 다루는 능력과 인지발달 수준이 정적인 상관관계를 가지지 않기 때문에 자칫 영유아의 발달 수준에 적절하지 않은 프로그램을 사용하게 하는 과오를 범할 수 있다고 하면서 초등학교 이전의 컴퓨터 사용을 부정적으로 생각하였다.

Alliance for Childhood(2000)에서도 컴퓨터 사용이 유아들의 발달에 부정적인 영향을 미칠 수 있음을 심도 있게 언급하면서 나이가 어린 어린이들에게 컴퓨터 사용을 제한할 것을 주장했다.

그 외에 Hohmann(1998)는 영유아는 눈, 귀, 입, 손, 다리 등의 신체를 통해 같은 활동을 자주 초점만 바꾸어 가면서 반복하여 움직임으로써 주위 세계에 대한 이해를 구성하므로 컴퓨터는 유아들이 걷고, 말하고, 이야기하고, 친구를 만드는 것을 숙달하는 데 최선의 도구가 아니라고 했다(정미라 외, 2002 재인용).

Haugland와 Wright(1997)는 유아의 발달에 적합하지 않은 소프트웨어를 사용하면 다음과 같은 부정적인 효과가 나타난다고 하면서 유아기의 ICT 활용에 있어서 부정적인 견해를 표명하였다.

- 다른 활동들을 축소시킨다. 실물 위주의 활동, 블록, 소꿉놀이, 미술, 음악 활동 등의 필수적인 경험 대신 컴퓨터 위주의 활동만 하게 한다. 또한 영유아가 컴퓨터에 길들여지게 되면 영유아 스스로 세계를 이해해 나가고 사고를 발전시키기보다 컴퓨터에 의해 사고를 지배당할 수 있다.
- 컴퓨터는 유아에게서 유년기를 빼앗아 버린다. 컴퓨터를 통해 유아가 받아들일 준비가 안 된 기술을 학습하도록 강요받으며, 소중한 유년기의 가치 있는 놀이경험을 몰아내 버린다.
- 컴퓨터는 너무나 추상적이다. 컴퓨터 스크린의 이차원적이고 추상적인 특성 때문에 전 조작기 단계의 유아는 컴퓨터를 활용하기가 쉽지 않다.

- 컴퓨터는 현실과 동떨어진 이미지를 제공한다. 컴퓨터는 단순하고, 예측 가능하며 현실성이 거의 없는 실세계의 축소 모형을 제공하기 때문에 복잡하고 가끔 좌절도 하는 불완전한 실제 세계의 일상에 유아를 준비시키는 데 도움이 되지 못한다.
- 사회적으로 고립시킨다. 컴퓨터로 시간을 보낸 유아는 성장과 발달상 매우 중요한 사회성을 기를 기회가 줄어들어 사회적인 고립을 유도할 수 있다.
- 컴퓨터는 감각적 인식과 창의성을 저해한다. 컴퓨터는 유아를 기계처럼 작동하도록 자동화시켜 버리고 감정과 창의성을 결여시킨다.

이상의 부정적인 관점과는 반대로 많은 학자들은 ICT는 영유아의 인지발달(Buckleitner & Hohmann, 1987; Watson, Nida & Shade, 1986), 언어발달(Lipinski et al., 1986; Muhlstein & Croft, 1986), 사회, 정서발달(Cardelle-Elawar & Wetzel, 1995; Clements, 1994)에 긍정적인 영향을 미친다고 하고 있다(정미라 외 재인용, 2002).

실제로 Haugland와 Wright(1997)는 유아의 발달단계에 적합한 소프트웨어를 사용하면 많은 장점이 있다고 했다. 즉 개개 유아의 학습 스타일에 맞출 수 있으며 참여를 유도하여 학습과정이나 진행을 조절하고, 탐색을 통해 다양한 개념들을 구조화하고 지식을 형성해 나갈 수 있다. 또 통합적인 학습 환경을 경험할 수 있고 인지 발달의 기회를 제공한다. 나아가 도서관, 박물관 등 전 세계의 무한한 정보는 물론 다양한 배경과 문화를 가진 사람들과도 접해 볼 수 있다.

Davidson(1989)은 유아들이 ICT를 활용하면 사회적 상호작용과 협동을 증진시키며 자아 개념을 증진시키고 사고력, 추리력, 문제해결력을 증진시킨다고 했다. 또 ICT는 유아가 개념을 구성하고 재구성하도록 도와주며 유아의 놀이를 자극하는 매개 역할을 한다. 나아가 유아기의 컴퓨터 이용은 컴퓨터 관련 기능을 익히고 컴퓨터에 대한 긍정적 태도를 함양하며, 이때 익힌 기능과 태도는 이후의 컴퓨터 사용에 꼭 필요한 것이라고 했다.

이외에도 유아의 발달에서 유아들이 컴퓨터를 사용함으로써 자아개념과 자신감이 향상되고, 자기만족감, 의사소통과 협동수준이 높아지는 것으로 밝혀졌다. 또 정보화 활용은 Muller와 Perlmutter(1985)의 연구에 의하면 컴퓨터를 활용할 경우 퍼즐을 할 때보다 또래 간의 상호작용이 9배나 증가하였다.

Kaden(1990)은 관련 선행연구들을 고찰하여 컴퓨터 활용은 유아들 간의 고립보다는 협동, 또래 보조 등에서 사회성 발달을 고양시킬 수 있다고 했다. ICT 활용은 정서발달에도 긍정적 영향을 미치고 있는 것으로 나타났는데, Hyson(1985)은 ICT 활동이 유아의 자율성과 자아존중감을 향상시킴을 밝혔고, Steffin(1983)은 ICT 프로그램에 따라 유아는 학습에 대한 긍정적 태도를 형성시킬 수 있으며, 학습에 대해 자신감을 갖게 되며 학습동기가 유발된다고 하였다(박석규 외, 2005).

인지, 언어 발달과 관련하여, Johnson(1985)은 ICT 활동은 유아의 학습을 신장시켜 주고, 논리적이고 새로운 방식의 사고를 통해 지적 발달을 촉진시킨다고 했다. 언어발달에 있어서도 컴퓨터가 3세부터 5세 유아들에게 언어경험을 향상시키는 효과적인 수단인 것으로 보고되었다(Mulstrein & Croft, 1986; Lipinski et al., 1986; 박석규 외 재인용, 2005).

신체발달과 관련해서는 움직임이 제한적인 컴퓨터 활동은 유아에게 적합하지 않다는 연구도 있었지만, ICT 활동은 유아의 대근육뿐 아니라 소근육 기술이나 눈과 손의 협응력, 그리고 힘의 조절력을 발달시킨다고(이경우 외, 1998) 하며, 유아들이 컴퓨터를 사용하는 데 요구되는 신체적 발달에도 문제가 없음이 여러 연구들을 통해 밝혀졌다(박석규 외, 2005).

그러나 Papert(1993)는 컴퓨터의 영향은 컴퓨터 그 자체로서보다 이를 누가 어떻게 활용하는가에 따라 가치가 결정된다고 했다. 이상과 같이 유아의 ICT 활용에 있어서는 부정적 견해와 긍정적 견해는 공존하지만, 최근에는 ICT 활용방식에 따라 부정적인 효과와 긍정적인 효과가 좌우될 수 있다는 것으로 의견이 모아지고 있다.

즉 유아의 발달에 부적합한 소프트웨어나 웹사이트를 사용하거나, 올바른 활용지도가 이루어지지 않으면 부정적인 영향을 미칠 수 있다. 따라서 이러한 부정적인 영향이 발생하지 않도록 하기 위해서는 교사나 학부모가 유아의 올바른 사전·사후 활동 등의 ICT 활용을 지도해야 할 것이다.

2. 교사와 정보화환경

영유아 스스로 ICT를 활용할 수 있는 능력인 ICT 리터러시도 중요하지만 영유아들은 아직 발달 수준이 낮아서 ICT 활용에 있어서 교사나 학부모로부터의 지속적인 보호와 감독이 필요하다. 특히 ICT를 활용하여 보다 효과적인 영유아교육을 실시하기 위해서는 영유아교육기관의 교사들이나 가정의 학부모들의 ICT 리터러시를 향상시켜야 한다.

특히 유아들이 교사들의 태도로부터 강하게 영향을 받는다는 점을 상기할 때 ICT 활용에 있어 교사들의 역할은 매우 중요하다. 영유아교사가 어떤 역할을 해야 하는가에 대한 관점은 시대에 따라 변해 왔다. 과거의 영유아교육은 단순히 보호의 개념으로 인식되었지만, 최근에는 보호 및 교육의 중요성이 통합된 개념으로 인식되고 있다.

Papert(1993)는 교사가 컴퓨터 없이 어떻게 가르칠 것인가를 검토하지 않는다면 컴퓨터가 어린이의 학습을 변화시킬 수 없다고 하면서 유아들이 컴퓨터로 무엇을 배울 수 있는지는 환경 및 문화에 달려 있다고 주장하고 ICT 활용에 있어서 교사의 역할을 강조했다(이광희, 2006). 즉, 컴퓨터의 영향은 그 자체로서보다도 누가 이를 어떻게 활용하는지에 따라 컴퓨터의 가치가 결정된다는 주장이다.

Stevens(1982)는 교육기관에서의 성공적인 ICT 활용은 교사와 행정가의 긍정적인 태도에 달려 있다고 주장하였다. Snelbecker도 ICT 활용을 성공적으로 실시하기 위해서는 교사가 가장 중요한 요인이라고 했다(Savenye, Haas, & Pollock, 1986).

Bredekamp와 Rosegrant(1994)는 교사가 컴퓨터에 대해 친밀감을 느끼고 활용능력을 갖추어야 ICT 활용이 제대로 이루어진다고 하였으며, 김선영(2001)은 교사의 컴퓨터에 대한 태도가 긍정적일수록 유아의 컴퓨터 사용에 대한 태도도 긍정적인 것으로 나타났다고 하였다.

특히 Haugland(2000)는 유아의 학습을 극대화하고 컴퓨터를 통합적으로 활용하기 위하여서는 교사가 유아의 발달 수준에 적합한 소프트웨어와 웹사이트를 선정하고 이러한 자원을 교육과정에 통합시킴으로써 컴퓨터가 학습경험을 지원할 것이라고 했다.

ICT 활용 환경에서 교사의 역할은 정보화된 환경 속에서 창의력과 문제해결력을 함양하는 학습자 중심의 교육이 보다 효과적으로 이루어질 수 있도록 지원하는 것이라 할 수 있다. 교실에서 ICT의 성공적 활용은 교사가 ICT 활용을 위해 수업을 체계적으로 계획, 실행, 평가하고 이를 ICT 활용 교육과 통합시켜 나가야 한다. 즉 건전한 ICT 활용을 위한 교수학습계획안을 개발하여 이를 유치원의 ICT 활용에 적용할 수 있어야 한다.

ICT 활용에 있어서 교사의 역할에 대해서 학자들 간에 다소 다양한 논의가 존재한다.

Davis와 Shade(1994)는 ICT 활용에 있어 교사의 역할을 교수자, 코치, 모델, 비평가의 4가지로 제시하고 있다. 먼저 교수자의 역할은 유아들이 소프트웨어를 제대로 사용할 수 있도록 안내해 주고 소프트웨어를 탐색하도록 격려해 주는 등의 적극적 역할을 담당해야 함을 의미한다.

코치의 역할은 유아가 자기주도적인 학습을 함에 있어 필요할 때마다 지도와 후원을 하고 활동을 촉진하는 역할을 수행해야 함을 말한다. 왜냐하면, 유아들의 컴퓨터 활동이 늘어감에 따라 독립적인 ICT 활용이 증가할 뿐만 아니라 교사 대신 또래집단이 교사의 역할을 대신하는 경우가 증가하기 때문이다.

모델의 역할은 교사의 ICT 활동 상태에 따라 유아의 활용이 달라진다는 것이다. 즉, 교사가 학습을 위한 실제적이고 통합적인 도구로서 컴퓨터를 활용하는 것을 보게 되면 영유아들도 학습에 이를 활용할 가능성이 높아진다.

마지막으로 비평가의 역할이다. 이는 ICT 활동이 이루어지는 학습의 모든 단계에서 이루어진다.

국내 연구로서 최태식 외(2002)는 유아의 ICT 활용에 대한 적절성을 평가하는 데 있어 교사는 전문적인 역할을 수행해야 한다고 주장하였다. 즉, 컴퓨터의 활용이 영유아의 연령에 적합한지, 개인적인 특성에는 적합한지, 문화적으로 적합한지를 검토해야 하며 교육과정 고안자로서, 그리고 관찰자로서 교사의 역할이 중요하다고 강조하였다.

유구종(2001)은 교사가 영유아의 발달에 적합한 ICT 환경을 제공해 주기 위하여서는 소프트웨어 시범 보이기, 질문에 답하기, 필요시 도움주기, 문제 제안하기, 또래 간 상호작용 촉진하기, 유아들이 컴퓨터상에서 배운 것을 새로운 상황이나 확장활동으로 적용할 수 있게 해주기 등의 중요한 역할을 담당해야 한다고 하였다.

전찬규(2001)는 ICT 활용에 있어 교사의 역할을 촉진자, 반성적 실행자, 정보관리자, 학습동반자 등의 4가지 역할로 이야기하였다.

첫째, 촉진자로서는 학습자가 자기주도성을 십분 발휘할 수 있게 하며, 학습에 대한 자신의 행동을 스스로 책임지게 하고, 학습자의 요구, 비판, 자율성을 포용하는 자세를 견지하면서 학습자의 동기화를 촉진하여 즐거운 학습이 되는 환경을 조성해 주어야 한다.

둘째, 반성자의 역할을 위하여 교사가 학습의 역동성에 상응하여 필요에 따라 반성적이고 지속적으로 학습계획을 변화, 개선시켜 나가는 융통성과 탄력을 발휘해야 한다.

셋째, 정보관리자로서 교사는 학습자가 다양한 정보를 통해 어떻게 학습하느냐 하는 학습방법을 습득하도록 도와주어야 한다.

넷째, 학습동반자로서는 학생들과 함께 탐색을 하고 학습을 하는 자로 전환되어야 한다.

3. 학부모와 정보화환경

영유아는 발달단계상 독립적인 학습활동이나 ICT 활용이 어려우며, ICT 활용을 위한 올바른 소프트웨어나 인터넷 사이트 선정을 할 수 없어 교사나 학부모의 지도가 필수적이다. 그리고 최근 들어 컴퓨터 게임이나 어린이용 인터넷 사이트 등의 보급에 힘입어 영유아의 ICT 활용이 영유아교육기관에서보다는 가정에서 더 많이 이루어지고 있어 가정에서의 ICT 활용 지도가 매우 중요하게 요구되고 있다.

구체적으로 이현주(2002)는 조사 대상 유아의 89.9%가 가정에서 컴퓨터를 활용한다고 했으며, 활동 빈도는 일주일에 1~3번이 40.4%이나 되었다. 또 하루에 1번 이상 사용하는 경우도 41.7%로 나타났다. 그리고 1회 평균 이용시간은 30분에서 1시간이 43.5%로 가장 많았고, 1시간 이상을 하는 경우도 21.7%나 되었다.

컴퓨터를 활용할 때 혼자서 하는 경우가 27.3%로 많았고, 다음으로는 형제나 친구들이 동반하는 것으로 나타났으며, 학부모가 동반하는 경우는 20.5%에 불과하였다. 이러한 결과는 학부모들의 적절한 관심과 지도가 부족함을 단적으로 보여주고 있다.

그러나 이러한 활용상의 증가 및 필요성이나 중요성에도 불구하고 가정에서의 ICT 활용 지도는 제대로 이루어지고 있지 못한 실정이다. 이러한 현상의 원인은 여러 가지가 있을 수 있으나, 무엇보다도 중요한 원인은 유아의 ICT 활용에 대한 학부모의 올바른 인식과 지도방안이 부족한 것이라 할 수 있다. 따라서, 가정에서의 올바른 ICT 활용 지도가 이루어지기 위해서는 학부모를 대상으로 한 교육이나 관련 커뮤니티 활동 등의 지원체제가 마련되어야 할 것이다.

McLester(1996)는 가정에서도 건전한 ICT 교육환경을 조성하기 위해서는 다음과 같은 학부모의 역할이 필요하다고 하였다.

- 학부모가 먼저 컴퓨터에 익숙해져 자녀의 읽고 쓰기 활동 등의 학습을 지원해 주어야 한다.
- 학부모가 정보화 교육에 참여하도록 해야 한다.
- 유아의 발달 수준이나 문화적으로 적합한 소프트웨어를 선택하여 제공해야 한다. 발달 수준에 적합하다는 의미는 유아의 지적 수준에 맞는 것은 물론이고 신체적으로도 쉽게 조작할 수 있어 유아가 좌절감을 느끼지 않아야 하고 나아가 유아의 발달을 촉진해 줄 수 있어야 한다. 문화적으로 적합하다는 의미는 우리나라의 문화와 유아기 고유의 발달 특성이 포함되어 있고 적어도 그러한 문화에 손상을 입히지 않는 것을 의미한다.
- 함께 컴퓨터 활동을 할 수 있는 환경을 마련해 주어야 한다. 즉 학부모가 유아와 상호작용을 함으로써 학부모는 좋은 언어적 모델을 제공할 수 있고, 유아는 컴퓨터와의 상호작용에 대한 반성력을 높일 수 있다.
- 유아를 관찰하여 적절한 도움을 주도록 한다. ICT 활동을 할 때 학부모는 유아가 어느 정도로 능동적인지, 어느 정도까지 독립적으로 컴퓨터를 사용할 수 있는지, 새로운 프로그램을 시도하려 하는지, 흥미를 가지는지, 컴퓨터의 반응에 대한 이해는 어느 정도인지, 좋아하는 프로그램의 유형은 어떤 것인지 등에 초점을 두어 관찰해야 한다.
- ICT 활동은 유아의 놀이 중 일부분이다. 따라서 컴퓨터를 이용해 다른 놀이로도 확장해 나가야 한다.
- 시간을 정해서 ICT 활동을 해야 한다. 때때로 유아는 컴퓨터 활동에 중독이 되어 컴퓨터 이외의 것은 관심을 두지 않고 컴퓨터에만 매달리는 경우가 있다. 이러한 경우에는 컴퓨터 사용의 긍정적 효과보다는 부정적 효과가 나타날 수 있다. 따라서 반드시 학부모의 개입이 필요하며 컴퓨터 사용은 하루에 30분이 적당하다.

4. 정보화를 위한 물리적 환경

영유아 ICT 활용에 있어서의 환경은 영유아는 물론 교사, 학부모를 포함한 인적 환경과 교실설비, 집단 크기, 자료의 배치 등을 포함하는 물리적인 환경으로 대별할 수 있으며 인적 환경에 못지않게 컴퓨터 영역도 중요하다. 특히 영유아교육에 있어 물리적인 환경의 중요성은 특별하여 교사, 학부모 다음으로 물리적인 환경을 '제3의 교사'로 간주한다. 영유아교육에 있어 환경은 단지 활동적인 시간을 보내는 데 유용하고 안전한 장소 이상으로 설계, 배려되어야 한다(주영주, 곽은순, 2002).

유아들은 성인과 달리 유아기의 발달 특성상 환경에 민감하게 반응한다. 유아교육기관의 질과 놀이환경을 조사한 결과, 환경이 잘 구비된 여건에서는 유아와 유아 간의, 그리고 유아와 교사와의 상호작용이 고무됨을 보고하고 있다.

또한 유아들은 상호작용에 있어서도 프로그램의 유형뿐만 아니라 물리적 환경에 의해서 영향을 받는다. 유아들의 경우, 별도의 컴퓨터실로 데려가면 엄격한 시간표도 짜야 하고 유아들의 학습활동에서의 선택권을 제한하는 결과가 된다.

다수의 연구들에서는 적절한 자료를 별도의 컴퓨터실보다는 교실 내에서 활용할 때 더욱 효과적이라고 보고했다. 그 이유로 교실에서는 도구지향적인 소프트웨어를 사용할 경향이 많은 반면 컴퓨터실에서는 훈련 소프트웨어를 많이 사용하게 되고 동시에 협동과 또래교수가 덜 일어나기 때문인 것으로 나타났다.

5. 영유아를 위한 ICT 리터러시 교육

컴퓨터가 우리들의 일상생활에서 없어서는 안 될 중요한 역할을 담당하게 됨에 따라 성인이나 학생들은 물론 이제는 영유아들까지도 ICT에 대한 이해와 활용능력을 갖추어야 할 필요성이 대두되고 있고 ICT 리터러시의 중요성이 강조되고 있다.

컴퓨터의 활용이 일상생활화된 사회에서 영유아들을 지도하고 가르칠 교사와 학부모들이 ICT 리터러시에 능숙해야 함은 물론 영유아들에게도 컴퓨터를 올바르게 이해시키고 필요에 맞게 사용할 수 있는 능력을 길러 주는 것은 필수불가결하다.

유치원교육과정에서는 21세기 세계화, 정보화 사회를 주도할 자율적이고 창의적인 한국인의 육성을 기본 방향으로 제시하고, 정보능력 함양 교육의 강화를 중점적으로 강조하고 있다.

영유아를 위한 ICT 리터러시 교육에서는 영유아가 컴퓨터를 사용하여 원하는 정보를 수집하고 활용할 수 있는 능력을 길러 주어야 한다. 컴퓨터 리터러시로도 불리는 ICT 리터러시는 사고력 및 문제해결과 함께 정보시대에 요구되는 기본 능력이다. ICT 리터러시는 컴퓨터를 통해 제시되는 정보를 올바로 읽을 수 있고, 사용하고 활용할 수 있으며 새로운 것을 창출해 내며 따라서 ICT를 학습자원으로 활용할 수 있는 능력(이화여자대학교 교육공학과, 2004)을 이야기한다.

교육인적자원부(1998)는 세계화, 정보화 사회를 주도할 자율적이고 창의적인 한국인을 육성하기 위해서 정보능력을 함양하는 교육을 강화하고 있다. 이를 위해서는 컴퓨터를 유아교육 목적을 달성하기 위한 도구의 하나로 사용해야 할 것이다. 즉 컴퓨터가 블록이나 모래 등과 같은 조작적인 교구들과 같이 교수매체의 하나로 다루어져야 할 것이다.

영유아의 ICT 활용은 크게 영유아교육기관에서의 활용과 가정에서의 활용으로 구분할 수 있다. 가정에서의 영유아 ICT 활용은 그 정도는 점점 더 증가하고 많은 영유아가 가정에 컴퓨터가 있는 것에 대해 자연스럽게 받아들이고 있으며, 일부 영유아는 가정에 있는 교육용 소프트웨어나 영유아교육용 웹 사이트에 상당히 익숙해져 있다(주영주, 이광희, 하영자, 2006).

가정에서의 유아의 컴퓨터게임 이용 현황에 대한 한 연구(김수영, 2001)에서는, 서울지역 6개의 유치원 만 5세반 유아 256명 중 75% 유아가 컴퓨터 게임을 이용하고 있는 것으로 나타났으며, 일주일에 1~2번 이용하는 경우가 27.1%이었고, 매일 한 번 이상 이용하는 경우도 33.4%로 나타났다. 이러한 컴퓨터 게임의 이용현황만 보더라도 가정에서의 유아의 ICT 활용 정도가 높음을 알 수 있다.

유아교육기관에서의 ICT 활용은 교육부 고시 제 1998-10호에 따라 2000년부터 시행되고 있는 제6차 유치원 교육과정의 지도자료집을 통해 보면 컴퓨터 영역과 관련하여 연간 7개의 생활주제에서 17가지 활동을 소개하고 있는데, 이 중 15가지 활동은 소프트웨어를 이용한 직접 활동이며, 나머지 2가지 활동은 컴퓨터나 그 주변기기를 소개하는 간접 활동으로 구성되어 있다(교육인적자원부 외, 2005).

유아교육기관에서의 ICT 활용에 대해서는 이러한 교육인적자원부의 교육과정 및 지도자료집 등이 제공되고 있고, 유아교육기관에서의 컴퓨터 활용교육에 관한 서적이나 연구 등 참고자료가 많이 제공되고 있다.

영유아 ICT 리터러시 교육의 목적은 영유아들의 발달단계 특성을 고려하여 영유아들이 컴퓨터에 대한 소양 능력을 갖게 하는 데 두고, 하위 목표는 컴퓨터가 무엇이고 어떤 일을 할 수 있는지 컴퓨터 자체에 대한 기본적인 개념 형성, 컴퓨터에 대해 친숙감을 느낄 수 있도록 긍정적인 태도 형성 및 구체적으로 컴퓨터를 조작적 학습도구의 하나로 사용할 수 있는 기술 발달에 두어야 한다.

구체적으로 이경우 외(1998), 미국 델라웨어 주립대학 부속유치원(Davidson, 1989), 박선희 외(1998) 등이 제시한 유아를 위한 ICT 리터러시 교육은 <표 7-1>과 같다(이광희, 2006 재인용).

〈표 7-1〉 **유아를 위한 ICT 리터러시 교육**

<table>
<tr><th>이경우 외
(1998)</th><th>델라웨어 주립대학
부속유치원(1998)</th><th>박선희 외
(1998)</th></tr>
<tr><td>• 컴퓨터 지식 획득을 돕기 위한 내용
- 컴퓨터 지식 형성 활동
- 컴퓨터 부분과 기능
- 컴퓨터 개념 형성
- 컴퓨터 임무와 사람임무 알기

• 컴퓨터 사용기술 내용
- 컴퓨터 켜고 끄기
- 원하는 소프트웨어 선택과 작동
- 키보드에서 필요한 키 찾기와 선택한 키를 한 번에 누르기
- 메뉴에서 프로그램이 원하는 부분 찾기
- 다단계 절차 따르기
- 수수께끼 그림 지시 따르기 (컴퓨터 사용 활동과 컴퓨터 비사용 활동)</td><td>• 컴퓨터 사용 기술의 개발을 돕기 위한 활동
- 기계를 켜고 끄기
- 소프트웨어의 선택
- 자판에서 필요한 키 찾기
- 선택한 키를 한 번에 정확하게 누르기
- 메뉴에서 선택하기
- 절차 따르기
- 그림 지시 따르기

• 컴퓨터에 대해 알기
- 컴퓨터 구성 부분
- 명령 알기
- 프로그래밍 알기

• 컴퓨터가 할 수 있는 것과 사람이 해야 할 것에 대한 개념 알기
- 컴퓨터는 여러 가지를 할 수 있다.
- 컴퓨터의 약점과 강점 알기
- 입력, 출력, CPU에 대하여 알기
- 컴퓨터는 사람이 통제
- 특정 소프트웨어와 하드웨어의 사용을 돕기 위한 활동
- 특정 소프트웨어에서 요구하는 기술 발달을 돕는 소프트웨어 활동
- 특정 소프트웨어를 사용할 때 겪는 어려운 기술을 익히는 데 도움이 되는 활동
- 전반적 발달적 목표를 이루는 데 도움이 되는 활동</td><td>• 교육내용
- 컴퓨터 작동에 관심 가지기
- 컴퓨터의 구성요소 이해하기
- 주변에서 컴퓨터의 활용에 관심 가지기
- 컴퓨터 사용하기

• 활동내용
- 컴퓨터는 사람의 지시에 따라 작동함을 안다.
- 컴퓨터가 여러 가지 일을 할 수 있다는 것을 안다.
- 컴퓨터는 글자, 숫자, 소리, 그림들과 상호 작용할 수 있다는 것을 이해한다.
- 컴퓨터의 여러 가지 구성 요소의 이름과 기능을 안다.
- 가정, 학교, 사회에서 컴퓨터의 활용에 대하여 알아본다.
- 컴퓨터를 바르게 사용해 본다.
- 컴퓨터에게 명령을 내려 그 결과를 비교해 본다.
- 교육과정과 통합하여 컴퓨터를 활용해 본다.</td></tr>
</table>

〈표 7-1〉에서 제시된 리터러시 교육의 내용은 크게 컴퓨터 자체에 대한 이해와 컴퓨터를 다룰 줄 아는 기술 취득에 초점이 맞추어져 있다. 그러나 ICT를 안전하게, 또 예의바르게 사용하는 측면은 소홀히 다루어져 있다.

이제 영유아의 컴퓨터 사용이 일상화되는 이 시점에서는 올바른 ICT 활용과 건전한 활용에 대한 지도가 이루어져야 할 것이다.

6. 유아와 ICT 활용

1) 컴퓨터보조학습

교육에서 컴퓨터를 활용한 학습을 컴퓨터보조학습(Computer Assisted Instruction : CAI)이라고 이야기하는데 학습자에 대힌 교수학습지료기 컴퓨터를 통하여 제시되는 교육기능을 컴퓨터보조학습이라고 정의한다. 이는 컴퓨터를 평가, 성적산출, 기록, 성적관리, 시험출제에 이용하는 CMI와는 구별하여 이야기된다.

현재의 공학 발전은 비디오 매체, 레이저 디스크, 컴퓨터 공학 매체들의 활용을 통한 학습까지 활용영역을 넓히고 있다. 일반적으로 CAI를 이용하면 학년에 상관이 없이 학업 성취도가 향상될 뿐 아니라 그 효과는 저학년일수록 높다고 이야기된다. 유아들의 반응도 긍정적일 뿐 아니라 수업/학습 시간이 단축된다고 한다.

개별학습이나 자율학습용 매체로서 컴퓨터 활용은 창조력, 분석력, 종합력, 평가력을 포함하는 고수준의 사고 기술을 발달시키는 활동을 제공할 수 있다. 예를 들어 과거 인물을 분석하고 현재의 시대 상황을 정리 입력한 다음 가장 적합한 인물을 선별할 수 있으며, 가설 검증에도 이용될 수 있다. 또한 설정된 여러 가설의 효과를 분석할 수 있게 변인들을 조작할 수 있다.

일반적으로 CAI의 특성을 요약하면 다음과 같다(이화여자대학교, 2004).

- 체계적으로 학습자의 개별 특성에 적합한 수업을 전개한다.
- 즉각적인 피드백을 효과적으로 제공하는 방법을 변화시킨다.
- 학습자와 학습내용 간에 상호작용이 크다.
- 수업내용과 그래픽, 음향을 효과적으로 통합하여 학습자 주의집중, 동기유발, 내용제시 및 연습기회를 제공, 그리고 수업 프로그램 모양을 제공한다.
- 전통 매체가 지닌 학습 동기 유발의 결함(반복성, 연속성, 생동감, 일관성, 즉시성, 움직임, 음향효과, 상호작용, 개별화, 실용성)을 어느 정도 보완해 줄 수 있는 수업 매체이다.

특히 CAI를 이용한 개별화 수업 제공은 수업의 내용이 어려울 때, 주어진 시간에 대해 수업의 양이 많을 때, 학습자의 수가 교수자에 비해 지나치게 많을 때, 학습자의 수가 적더라도 그 학습자 간의 개인차가 클 때, 그 중요성이 더해진다고 한다(변영계 & 김영환, 1995).

그러나 CAI의 단점으로 비인간성, 언어 중심성, 고비용 등이 제기되고 있다(백영균, 1995). 학습의 여러 유형 중 자신에게 효율적인 방법을 선택하게 되는 인지전략 학습영역에서 컴퓨터는 커다란 가능성을 가지고 있다. 단순 사실을 말하거나 묘사하는 언어정보영역에서 컴퓨터는 개인 교수를 통한 개념 형성과 반복 연습을 통한 강화로 활용된다.

개념의 변별, 확인, 분류, 시도 그리고 일반화의 다섯 하부영역을 포함하고 있는 지적 영역의 학습을 위해서는 교육용 소프트웨어를 다음에서 제시되는 다양한 유형으로 접근하고 있다(한정선, 김영수, 주영주, 강명희, 조일현, 이정민, 2011).

(1) 개인교수형

새로운 개념이나 지식 또는 발전된 개념을 가르칠 때 효과적이다. 유아들에 대한 개별지도가 많이 필요한 내용의 학습에 적합하다. 틀린 대답에 대해 옳은 해답을 주고 교정해 주는 강화를 제공, 행동형성, 강화, 그리고 식별을 포함하는 시행착오적 학습의 개념은 필요요소이다. 이 접근은 유아 언어지도 지적 기술 습득, 사례연구, 예습, 복습, 상호작용이 요구되는 내용 학습에 활용될 수 있다. 이때 제시되는 내용은 유아들에게 체계적이고 논리적이어야 하며, 유아들은 적극적으로 질문하고 컴퓨터로부터 관련정보를 찾아내는 데 능동적이어야 한다.

(2) 반복연습형

유아에게 새로운 개념을 가르치는 것이 아니라 이미 학습된 내용을 더욱 정확하게 수행하고 유지하도록 하는 데 좋으며 특히 정확성과 속도 향상에 효과적이다. 수업 목표가 달성될 때까지 계속 반복 연습이 가능하다. 이미 학습한 사료를 이용하여 설계하고, 구현하며, 평가가 용이한 전략이다. 반복적인 훈련과 실습으로 지식과 기술 향상을 촉진할 수도 있다.

개발된 교육초기에는 유아에게 주로 수학과 읽기에서의 반복 연습에 사용되었고, 다양한 상황을 제시하거나 일정한 상황을 반복 제시하여 과제를 반복시킴으로써 학업 목표 성취에 도달하는 데 그 목적이 있다. 즉, 자신의 학습 속도에 맞추어 독립적이고, 개별적이며, 비위협적인 방법으로 교정된 자료를 제공하는 데 사용된다.

(3) 모의실험형

제시되는 상황에 대해 유아가 능동적으로 의사 결정을 하여 학습목표를 성취하게 한다. 학습활동이 위험하거나 수행에 따른 비용, 시간적 제한과 일이 일어나는 속도나 과정 등 어려움이 있을 때 적합하다. 모의실험은 실제 상황에 대한 조작된 연출로서 정의될 수 있다. 게임, 문제해결, 의사결정, 가치판단 등 모두 시뮬레이션을 통해 배울 수 있다.

컴퓨터 시뮬레이션은 특히 유아들에게 복잡하거나 실생활에서의 실험이 불가능한 것을 실제가 아닌 모델링을 통하여 요소들을 선택하고 자기수준으로 컴퓨터 프로그램을 조정하면서 그 결과를 컴퓨터 스크린에서 관찰할 수 있는 기회를 제공하는 면에서 좋다.

즉, 시뮬레이션은 목표 중심적 접근을 제공하고, 안전하고 현실적인 감각을 부여하고 실제와 같은 경험의 리허설을 제공함으로써 유아가 실제 상황에서 사물을 대할 때 그 상황에 효과적이고 효율적으로 대처할 준비를 제공한다.

(4) 게임형

경쟁, 흥미, 도전 등의 게임적인 요소를 첨가한 흥미로운 학습 유형이다. 게임적인 요소는 모든 종류의 학습에 활용될 수 있다. 또한 능동적인 학습자 참여를 유도하므로 활용상 다른 유형의 소프트웨어와 통합적으로 이용되는 넓은 유형이다. 게임에는 이미 정해진 규칙과 달성할 목표가 정해져 있으므로 승자와 패자, 게임의 규칙에 대한 승패 여부에 따라 흥미가 유발되며 자연스러운 도전심이 형성될 수 있다.

교육적 게임은 학생들의 집중시간을 연장시킨다. 게임의 반복과 연습과정을 지루하기보다 재미있는 환경으로 받아들인다. 그리고 교육적 게임은 학습의 높은 인지단계를 길러 주도록 설계되었다(백영균 & 이광희, 1994, 10).

(5) 문제해결형

창의력을 요구하는 문제해결 상황을 제시하고 학습자에게 고도의 사고력을 기르게 한다. 학습자가 문제를 설정하기도 하지만 컴퓨터가 문제를 설정하기도 한다. 데이터 탐색을 통한 사례 연구에 활용한다.

컴퓨터를 도구로 사용하여 문제해결의 기회를 갖는 것은 단순한 활동의 반복제시보다는 한 가지 문제에 대해 여러 해결방법을 동원하도록 하는 것이 학습 동기와 흥미 유발에 도움이 된다. 모의 상황을 통한 수업은 시뮬레이션 접근을 통해 이루어질 수 있다.

(6) 자료제시형

많은 양의 학습자료를 저장하여 필요성에 따라 과제와 수업자료 준비물, 학습의 보조자료로 사용한다. 일반문자, 그래픽, 언어합성, 원리학습, 사실제시 등 이들의 병합 상태를 제시하여 자율학습용 유인물에 이용되기도 한다. 그러나 유아교육에서 자율학습의 적용은 유아의 발달 정도에 따라 교사와 학부모의 도움이 필요하다.

2) 멀티미디어

컴퓨터 공학의 발달로 컴퓨터 자체와 그 주변기기들은 놀랄 만한 발전을 계속해 오고 있다. 이러한 공학을 바탕으로 등장한 멀티미디어는 시대에 따라 그 의미가 약간씩 달라졌다. 처음에 멀티미디어는 두 개 이상의 매체를 통합적으로 사용하여 메시지를 체계적으로 제시하는 것을 의미하였지만 멀티미디어 PC가 등장한 1990년대 초부터는 그 의미가 바뀌게 되었다.

멀티미디어는 'Multi(다중) + Media(매체)'의 합성어로서 사전적으로는 다양한 매체라는 뜻이지만 대체로 일반적인 글자 위주의 매체인 텍스트 파일 이외의 다른 매체들을 일컫는다. 즉, 문자정보, 그림, 정사진, 소리정보, 애니메이션, 동영상 등의 데이터를 디지털 방식으로 통합시킨 컴퓨터를 기본으로 하는 복합다중매체를 이야기한다(그림 7-1).

이는 종래와 같이 단순히 여러 매체를 뜻하기보다는 개별 매체의 약점을 보완하고 장점들을 모아 극대화시킨 정보전달의 총체적 시스템이라고 할 수 있다. 따라서 멀티미디어는 정보사회의 발전과 생활의 편리를 위해 데이터를 활용하기 위해 나타나게 되었다고 볼 수 있다.

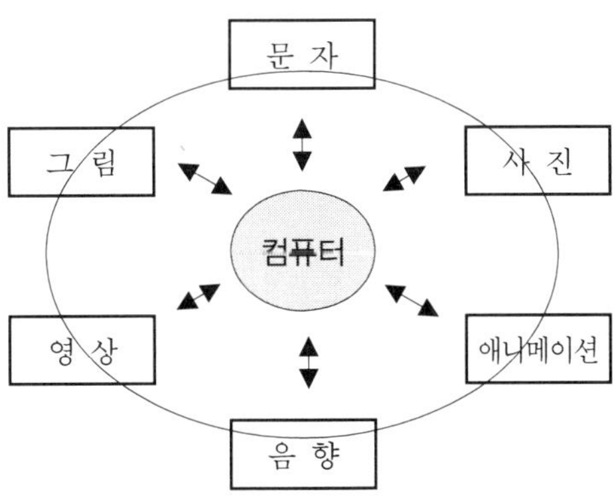

[그림 7-1] 멀티미디어란?

멀티미디어 컴퓨터의 기능은 컴퓨터 하드웨어의 발전과 이를 활용하는 소프트웨어의 급속한 발전에 의해 많은 영향을 받았다. 먼저 광자기 디스크나 CD-ROM과 같은 대용량의 데이터를 저장할 수 있는 기술이 발전하였고, 이와 같은 대용량의 데이터의 전송이 가능한 통신기술(ISDN)이 발전하였다. 또한, optical disk, image scanner 등과 같은 이미지 정보 입출력 장치가 고성능화되고 저가격화되면서 멀티미디어 컴퓨터의 기능은 점차 강화되었다.

초기 인터넷 환경은 텍스트 위주의 통신방식으로 되어 있어 문자를 볼 수 있는 터미널용 프로그램만 있으면 되었다. 그러나 하이퍼텍스트라는 개념이 생기면서 문서 내에 글자 외에 다른 매체들을 포함할 수 있게 되어 멀티미디어 형태를 담은 문서를 이용할 수 있는 환경이 요구되기 시작하였다.

이러한 환경이 가장 적절하게 이용되는 환경이 바로 WWW(World Wide Web)이며 웹 환경으로서 이를 통해 보다 효율적인 방식으로 멀티미디어를 전달할 수 있게 되었다. 즉 월드와이드웹이라고 하는 '인터넷상의 다양한 멀티미디어 자원에 손쉽게 접근할 수 있는 기능을 제공하는 그래픽 유저 인터페이스 환경(Graphic User Interface : GUI)의 하이퍼텍스트 기반 정보 시스템'을 통해 텍스트 위주가 아닌 그래픽, 음성, 화상 등의 멀티미디어 자료를 제한 없이 사용 가능하게 되었다.

멀티미디어는 쌍방향의 커뮤니케이션과 상호작용을 수반하는 특징을 지닌다. 동영상, 문자정보, 오디오를 제공하는 영화나 비디오 프로그램도 아날로그에서 디지털로 바뀌어가고 있지만 상호작용이나 커뮤니케이션이 불가능하고, 사용자가 수동 상태로 감상만 하여 참여나 통제가 힘들기 때문에 멀티미디어와는 다르게 취급되고 있다.

멀티미디어는 여러 종류의 미디어가 통합되어 동시에 제공된다는 점 이외에도 많은 특성을 가지고 있다.

첫째, 다양한 매체가 통합되어 한 화면에 제시된다. 초창기 컴퓨터 프로그램은 텍스트 중심의 프로그램이었으나, 후에 그래픽이나 사운드가 가미되었으며 이제는 애니메이션, 영화 등이 한 화면에 제시될 수 있다. 즉, 멀티미디어는 모든 매체를 통합한 하나의 종합예술이다.

둘째, 상호작용이 가능하다. 상호작용성은 특히, 하이퍼미디어 환경에서 강조되어지는데, 사용자가 자신의 의지대로 정보에 접근할 수 있으므로 의미 있는 환경이 조성된다.

셋째, 많은 양의 정보를 수록할 수 있다. 기억용량을 많이 차지하는 비디오나 오디오 같은 정보의 저장을 가능하게 해주므로 멀티미디어의 보급을 가능하게 해주었다.

넷째, 고질의 음향과 영상을 얻을 수 있다. 멀티미디어는 디지털 정보를 사용하므로 정보의 손상 없이 자유롭게 편집을 하고 특수효과를 줄 수 있다. 인간은 보고 듣는 것을 동시에 할 때, 가장 기억을 많이 하므로 음향과 영상의 사용은 학습의 효과를 증진시킨다.

다섯째, 색인이나 검색이 용이하다. 방대한 자료를 저장만 하고 검색이나 색인이 힘들어 필요할 때 손쉽게 찾아 쓸 수 없다면 그 자료는 별 의미가 없을 것이다. 방대한 정보에 무선적인 접근을 가능하게 하는 하이퍼텍스트의 개념은 이러한 멀티미디어의 검색을 가능하게 하였다(안희정, 1996; 이화여자대학교 교육공학과, 1996).

(1) CD-ROM

컴퓨터보조학습(CAI)에서 주로 사용되었던 CD-ROM 타이틀은 방대한 멀티미디어 자료를 저장할 수 있는 장점이 있는 반면, 한 번 제작하면 자료의 수정이 불가능하다는 단점 때문에 점차 인터넷에 그 자리를 내어 주게 되었다. 인터넷은 CD-ROM만큼 방대한 멀티미디어 자료를 제공하면서도 업데이트가 용이하고, 원격학습이 가능하므로 최근 컴퓨터보조학습은 인터넷을 활용한 WBI (Web-Based Instruction)로 변환되고 있는 추세이다.

아직까지 웹을 기반으로 한 교수 학습전략의 실제 적용은 미미한 편이다. 따라서 여러 웹사이트들에서 실제로 다른 이들이 만든 학습 사례나 모듈 등을 포함한 웹 기반의 자율학습 프로그램들이 어떤 구조와 내용으로 설계되어 있는지 세밀하게 비교하고 평가해 보는 것도 필요하다.

그리고 유아 관련 분야 학생들의 경우 학습 및 교육 관련 사이트들을 활용하면 교과서보다 더 다양하고, 최신의 학습내용을 얻을 수 있으며, 멀티미디어를 활용한 상황 중심 혹은 문제 중심의 사례들을 접할 수 있게 된다.

CD-ROM은 고용량(high-capacity), 편리성(convenient), 비용효과성(affordable), 내구성(durable), 표준성(standardized), 읽기전용(read-only)의 6가지 특징을 가지고 있다.

즉, CD-ROM은 플로피 디스크보다 수백 MB의 자료수용이 가능하면서도 가격은 훨씬 저렴하며, 모든 파일을 하나의 디스크에 저장하므로 정보에 접근이 용이하고 색인이 가능한 S/W tool도 있다. 또 setup 비용이 디스크 수에 관계없이 일정하여 디스크 복제가 늘어날수록 디스크 한 개당 상대적인 비용이 감소한다.

그리고, 레이저빔이 물리적 접촉 없이 정보를 읽으므로 디스크가 손상되지 않으며, 자기장의 영향도 받지 않는다. 게다가 읽기전용이므로 저장된 자료가 지워질 위험이 없다. 마지막으로 CD-ROM 디스크는 어떤 컴퓨터에서도 이용 가능하고 ISO 9660으로 파일 규정이 되어 있어 데이터 교환이 가능하다.

한편, CD-ROM의 강점은 약점으로도 여겨질 수 있는데, 이를테면 CD-ROM이 읽기전용이므로 새로운 데이터의 기록이 불가능하며, 고용량이므로 방대한 자료들이 잘 정돈되어 있지 않으면 잘 찾을 수 없어 디스크 내용의 주의 깊은 조직이 필요하다. 그리고, CD-ROM의 내구성 때문에 사용자들은 새로운 버전이 나와도 별 문제가 없어 보이면 CD를 처분하지 않으려 하므로 이와 같은 경우 교환(trade-in) 방식으로 해결해야만 한다.

(2) 유아용 CD-ROM 타이틀(주영주 · 이광희, 2003)

현재 유아교육에서 활용 가능한 CD-ROM 타이틀은 다양하지 않다. 게다가 최근 인터넷이 CD-ROM 못지않은 능력을 갖추고 있으면서도 보다 최신의 정보를 제공해 주므로 점점 CD-ROM 타이틀의 개발은 감소추세이다. 그러나 앞으로 CD-ROM의 장점과 인터넷의 장점을 절충한 새로운 매체가 등장할 것으로 예상된다.

현재 시중에서 구할 수 있는 유아보건교육 관련 CD-ROM 타이틀은 다음과 같다.

• **팅킹 팅즈** 1(Thinkin' things 1)

대상 : 유아 만 4~8세

제작 : Edmark Corp. 1993

[그림 7-2] 팅킹 팅즈 1

유아단계에 적합한 음악적 재능 개발, 공간 개념인식, 사물의 특징 및 인식, 3차원의 세계와 물체의 움직임에 관한 내용으로 구성되었고 오랑가 방가 연주대, 루니 툰, 하늘을 나는 공과 모양들을 실행시킬 수 있고, 유아가 스스로 인형들을 찾는 활동이 제시된다.

• **올리의 그림동화 만들기**

대상 : 유아/초등(5~12세)

제작 : Broderbund(한글화공급 : 아리수미디어사)

[그림 7-3] 올리의 그림동화 만들기

올리의 그림동화 만들기는 자마이카 여자주인공 올리의 이야기에 따라 유아가 그림, 색칠, 글짓기, 친구 만들기를 직접 창작활동 하도록 한다. 창조적인 새로운 형식의 가장 우수한 소프트웨어에 선정되었으며 전자도서로서도 가장 우수한 소프트웨어로 선정되었고 교육부에서 우수 교육용 소프트웨어 품질 인증을 받았다. 그림방은 마법의 스케치북과 같아서 유아의 상상력을 자유롭게 발휘하도록 한다.

- **토끼와 거북이**

대상 : 만 5세 이상

제작 : Broderbund(한글화공급 : 아리수미디어사)

[그림 7-4] 토끼와 거북이

옛날이야기를 통한 교훈을 현대적 유머로 전달해 주는 토끼와 거북이 이야기이다. 단어학습을 행동에 따라 다르게 인지할 수 있도록 한다. 깡충깡충 뛰는 것과 폴짝폴짝 뛰는 것의 행동적 차이를 시각적으로 확인하게 해준다.

화려한 그래픽과 뛰어난 멀티미디어 효과가 뒷받침해 주며 한글과 영어로 구성되어 있어 멀티미디어 한영동화로서의 역할과 사고력, 단어 인지력, 읽기 능력 향상을 도와준다.

• 새미의 과학놀이

대상 : 유아 4~8세

제작 : Edmark Corp

[그림 7-5] 새미의 과학놀이

유아에게 적합한 과학적 개념인 순서, 분류, 자연과 기후 등 다섯 가지 과학 활동으로 이루어져 있다. 새미라는 등장인물을 통하여 영화상영 놀이로 순서와 서열을 인지하고 동물, 식물, 곤충에 대한 분류와 자연 변화를 파악하게 한다. 또한 날씨 애니메이션으로 일기예보를 만들어 보게 한다.

• 밀리의 수놀이 가게

대상 : 유아 4~8세

제작 : Edmark Corp

[그림 7-6] 밀리의 수놀이 가게

유아들이 좋아하는 캐릭터, 밀리를 등장시켜 상점 진열대에서 여섯 가지 수학활동(분류, 서열화, 모양, 수개념, 패턴 등)을 일상생활과 연관하여 수행할 수 있도록 하였다. 수세기, 덧셈, 뺄셈, 크기, 모양, 도형, 조작, 조형활동 등 다양한 수학경험을 창의적 측면까지 고려하여 16개의 상을 수상한 프로그램이다.

- **천재들의 인체백과**

대상 : 초등 이상
제작 : 솔빛

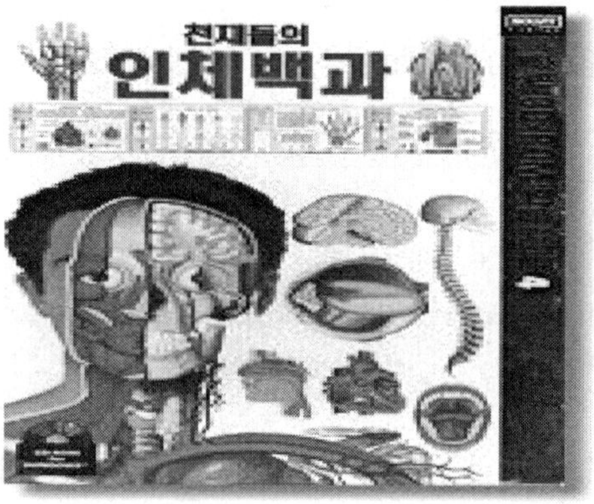

[그림 7-7] 천재들의 인체백과

초과학적인 인체의 모든 원리와 비밀을 알려주는 멀티미디어 백과사전으로 영국 DK사의 The Ultimate Human Body를 한글화한 것이다. 생생한 멀티미디어 자료로 초등학생에서 중고생까지 누구나 쉽고, 재미있게 인체여행을 할 수 있도록 구성되어 있다. 인체의 각 기관과 기능, 역할을 풍부한 멀티미디어 자료로 재현하는데, 눈은 왜 깜박이는가, 심장은 어떻게 뛰는가 라는 기초적인 의문에서부터 뼈와 근육의 구조, 순환계·호흡계·소화계 등 10개의 기관계에 이르는 전문적인 내용까지 생생한 사진과 애니메이션, 동화상으로 재미있게 설명, 마치 해부학 실습실에 들어와 있는 듯한 느낌을 준다.

7백 개가 넘는 화면과 9만 여개의 용어설명, 45분의 오디오와 1천4백 개의 효과음, 1백 개의 애니메이션과 1천 여개의 일러스트 등의 방대한 멀티미디어 자료와 치밀한 해설이 인체에 대한 호기심과 상상력을 만족시켜 준다.

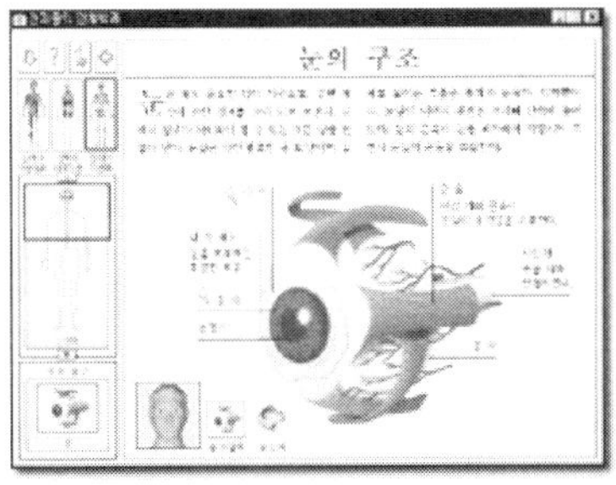

[그림 7-8] 눈의 구조

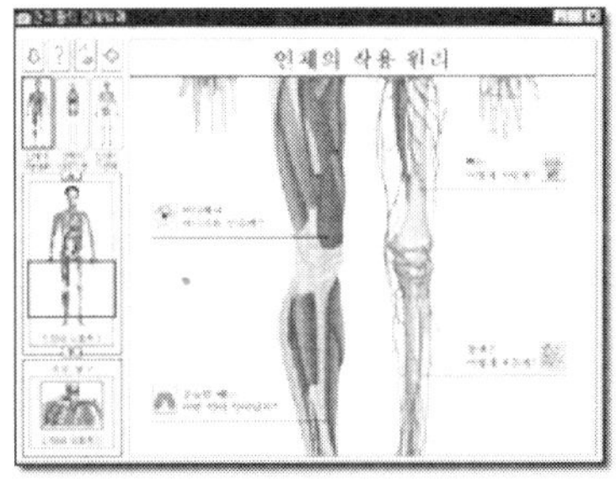

[그림 7-9] 인체의 작용 원리

• 디노의 인체여행

대상 : 유아

제작 : 엑시스컴퓨터그래픽스연구소

[그림 7-10] 디노의 인체여행

유아를 대상으로 성교육을 위주로 하여 신비한 인체 각 부분의 기능들을 쉽게 알 수 있게 개발한 타이틀이다. 인체 각 부위의 신비한 작용들을 50개가 넘는 항목으로 구분하고 모든 항목을 재미있는 애니메이션으로 처리하였다.

세부 항목을 살펴보면 신체 학습으로 피부, 생식, 근육, 골격, 혈액, 호흡과 소화와 배설, 신경과 감각 등 신체 각 부위의 의문점을 학습하며, 음식물의 여행, 피의 여행 등 체내의 순환에 대해 동화상으로 학습한다. 가슴이 두근거려요, 어른이 되고 싶어요 등의 재미있는 애니메이션 성교육 학습 모듈도 있다.

• **궁금해요? 우리몸**

대상 : 유아, 초등

제작 : 은성

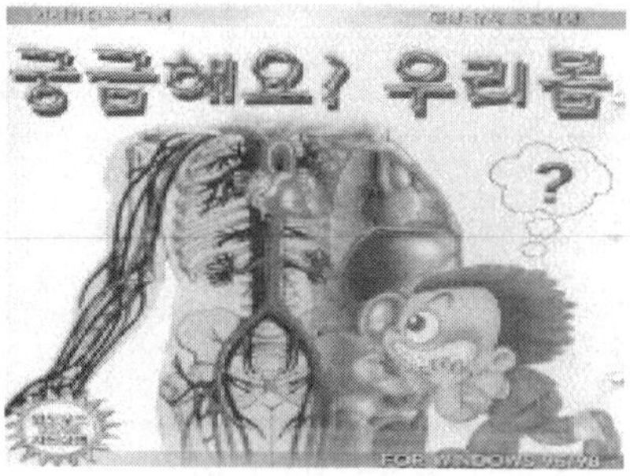

[그림 7-11] 궁금해요? 우리몸

우리 몸의 신비롭고 놀라운 세계를 알아보는 CD-ROM 타이틀로 '피부색은 왜 다를까?', '나는 어떻게 태어났을까?', '방귀는 왜 나올까?'. '딸꾹질은 왜 날까?' 등의 인체의 구조와 기능을 질문과 답변으로 알아본다.

어린이들이 실생활에서 궁금하게 여기는 문제들을 중점적으로 다루어 친근하고 재미있으며 교과과정상의 내용은 물론 교과서에서 배우지 못했던 상식까지도 배울 수 있다. 60분 분량의 내레이션, 200개 이상의 애니메이션과 1000개의 섬세한 일러스트레이션으로 구성되어 있다.

• **CD 홈 건강백과**

대상 : 유아관리자(성인)

제작 : 금우시스템

[그림 7-12] CD 홈 건강백과

CD홈 건강백과는 건강 관련 소프트웨어 전문제작사인 금우시스템의 홈 건강시리즈로서 바쁜 현대인의 건강을 위한 건강상식 등을 담고 있다. 500여 개의 질병과 150여 증상에 따른 대처법, 120여 가지의 식품에 관한 약효, 성분 등의 정보, 약이 되는 250여 가지의 식물 등 상세한 정보와 선명한 컬러사진을 곁들이고 있다.

건강식품, 식품상식, 경혈, 다이어트, 문답식 처방, 약이 되는 식물 등 총 6가지 메뉴로 구성되어 있으며, 현대의학, 한방요법, 민간요법, 경혈을 통한 지압 등 여러 각도에서 꼭 필요하다고 생각되는 건강상식들을 종합적으로 정리해 누구든지 쉽게 이해할 수 있다.

- **우리집 홈닥터1 - 건강체크편**

대상 : 유아관리자(성인)

제작 : 한텍정보

[그림 7-13] 우리집 홈닥터1

현대인들이 걸리기 쉬운 질병에 대한 자세한 설명을 하고 있으며, 쉽게 데이터를 찾는 기능과 원하는 경우 프린트를 하여 개인 건강관리 자료로도 쓸 수 있도록 구성되어 있다. 자세나 식 습관 등 미처 깨닫지 못하는 사소한 생활 습관이나 걱정되는 병명 등으로 자신의 몸에 어떤 이상이 있는지를 친절한 내레이션과 그림에 나타난 메뉴를 선택하면서 진행하다 보면 간단하고도 알기 쉽게 자신의 병명이나 해결책을 설명한다. 또한 심장, 위, 간장 등 중요한 몸의 각 부분 및 현대인들이 걸리기 쉬운 질병에 대한 자세한 설명을 하고 있다.

• **우리집 홈닥터2 - 건강상식편**

대상 : 유아관리자(성인)

제작 : 한텍정보

[그림 7-14] 우리집 홈닥터2

잘못된 건강상식의 문제점을 임상사례나 최근의 실험자료를 토대로 분석하여 바람직한 건강관리 방법을 제시하는 CD-ROM 타이틀이다. 현재 유행하고 있는 건강법과 일반적으로 이야기되는 잘못된 건강상식의 문제점을 임상사례나 최근의 실험자료를 토대로 분석하여 바람직한 건강관리 방법을 재미있는 그림과 함께 제시한다.

• **우리집 홈닥터3 - 건강식품편**

대상 : 유아관리자(성인)

제작 : 한텍정보

[그림 7-15] 우리집 홈닥터3

나이를 먹으면 나타나는 변성질환인 심장병, 고혈압 ,당뇨병 등 성인병의 치료 효과를 높이기 위한 기적의 핵산 요법과 젊음을 되찾아 주는 놀라운 식품들을 소개하는 CD-ROM 타이틀이다. 친절한 내레이션, 재미있는 그림과 함께 내용의 이해를 돕기 위한 데이터 찾기 기능과 강력한 프린트 기능을 갖추고 있다.

- **눈의 구조**

대상 : 초등 이상
제작 : 용마컴

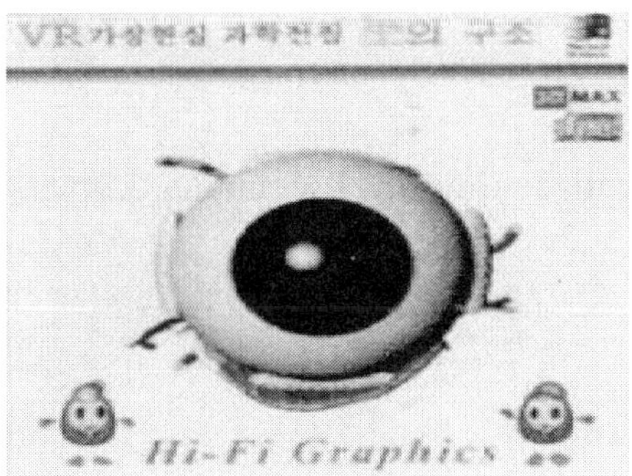

[그림 7-16] 눈의 구조

초, 중, 고 정규과목의 교재로 채택될 수 있도록 제작되었으며 가상현실기법을 이용하여 모형들이 실제 영상과 같은 효과를 낸다. 눈의 구조를 그래픽 애니메이션, 동화상 등을 통해 다각도로 설명하여 눈의 구조에 대해 실제와 같은 효과를 볼 수 있다.

(3) 유아 관련 사이트

- Scholastic (http://www.scholastic.com)

Scholastic은 교사, 아동, 학부모의 세 부분으로 구성되어 있으며, 책, CD-ROM 타이틀, TV 등과의 연계활동을 제공한다. 아직 읽기 능력이 없어도 듣기 기능을 통하여 I Spy 놀이를 수행하고 직접 만들기를 할 수 있다.

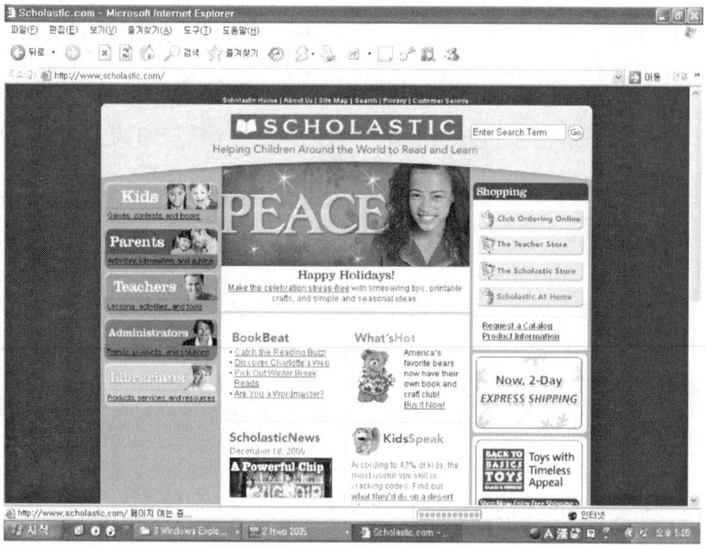

• Sandiegozoo (http://www.sandiegozoo.com)

샌디에이고 동물원에서 운영하며, 직접 가볼 수 없는 동물원, 박물관, 미술관을 유아들이 인터넷으로 경험할 수 있는 곳이다. 동물들의 모습을 슬라이드쇼로 볼 수 있고 출력할 수 있으며 사진과 비디오자료로 제공한다.

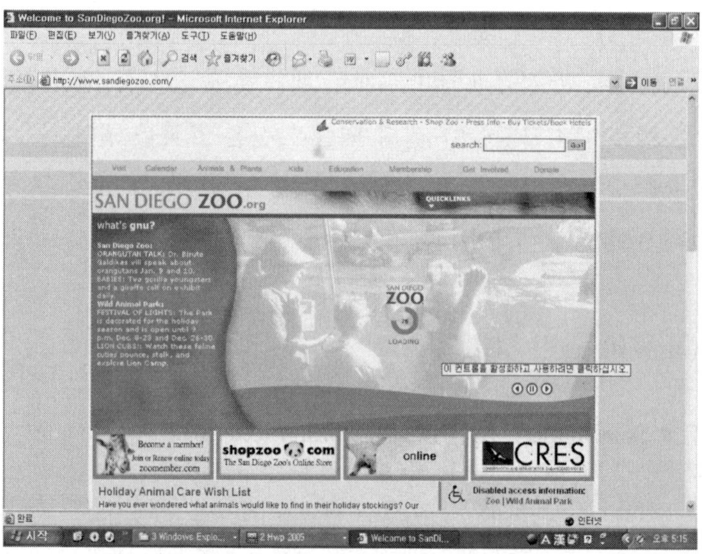

• Childedu.net (http://www.childedu.net)

아동을 위한 인터넷 안전 온라인 동화를 제시하고 부모와 교사를 위한 지침과 어린이 안전 교육을 소개한다.

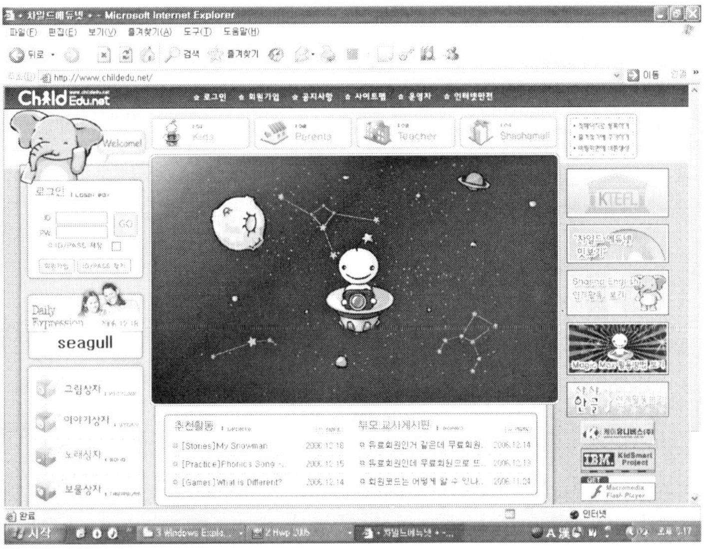

• Campaign(http://campaign.jr.naver.com)

인터넷의 무분별한 사이트에 대하여 신고본부를 운영하며, 학부모 정보감시단, 인터넷 윤리강좌를 소개하고 있다.

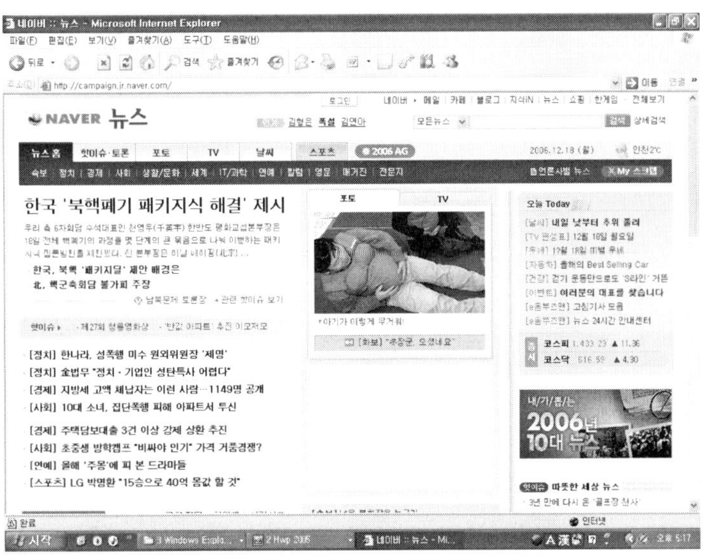

• Webclean21(http://www.webclean21.org)

인터넷 유해 사이트를 차단하고 유해 사이트를 신고하도록 한다.

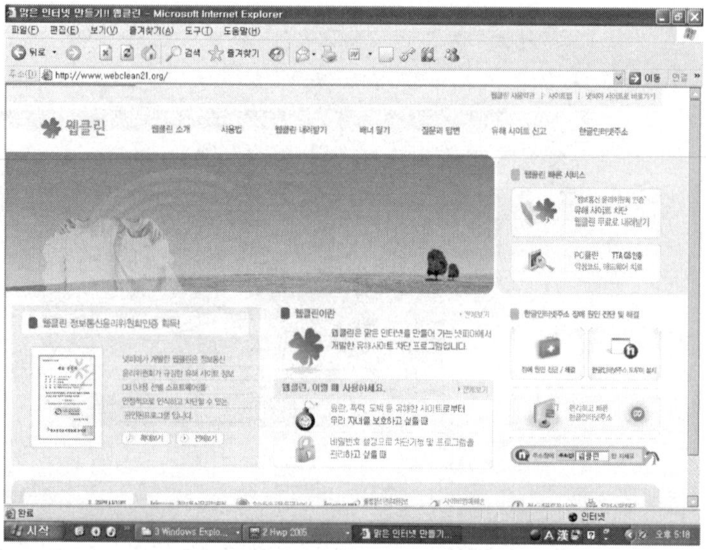

• Kidsdomain(http://www.kidsdomain.com)

유아 및 부모를 위한 인터넷 안전 정보를 제공한다.

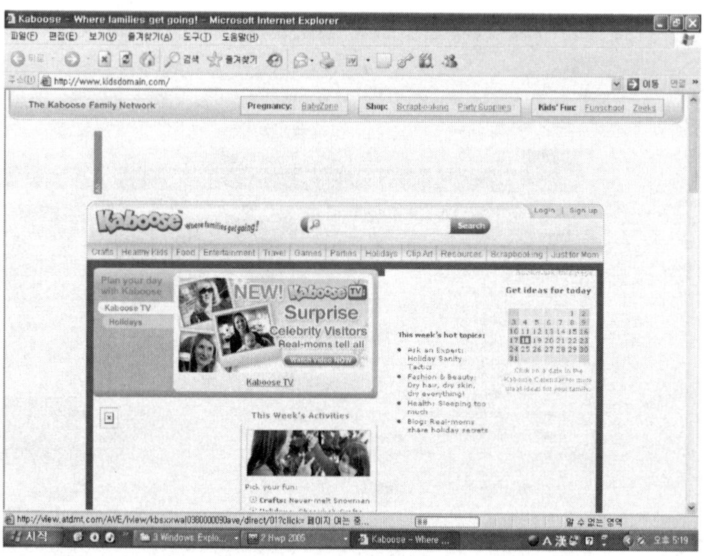

• Seameworkshop(http://www.Seameworkshop.org/parents)

인터넷 안전에 대한 연구물을 제공한다.

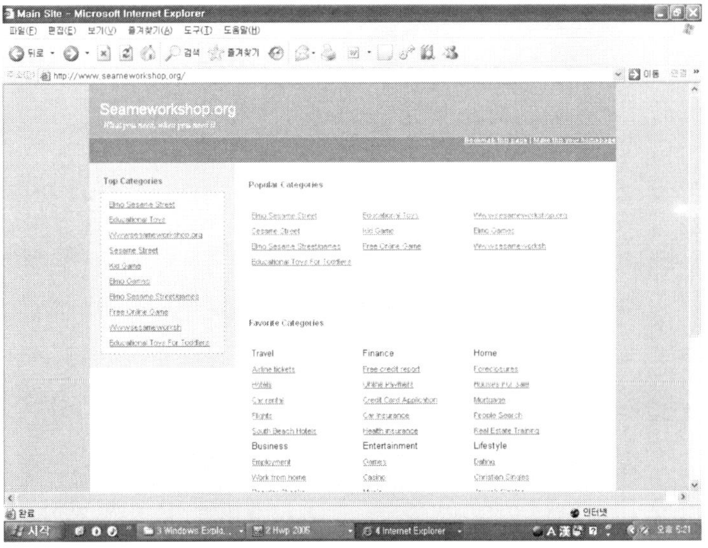

• The Children's Literature Web Guide
(http://www.ucalgary.ca/~dkbrown/index.html)

도서관 사서인 David K. Brown은 아동 문학과 유사 분야 연구에 관심 많은 사람들을 위한 좋은 사이트를 제공한다.

• Kathy Schrock's Guide for Educators
(http://www.capecod.net/schrockguide/)

매체 전문가인 Kathleen Schrock의 온라인 가이드 사이트로 교육자가 커리큘럼을 강화하고 전문적 성장을 확장시킬 수 있는 주제별로 정리된 800개 사이트들의 리스트를 제공한다.

• KidsConnect(http://www.ala.org/ICONN/kidsconn.html)

KidsConnect에서는 K-12의 학생들이 인터넷을 효과적, 효율적으로 접근, 활용하도록 하기 위해 질의응답 서비스를 제공한다.

(4) 시청각매체 사용

- **괘도, 플립차트 사용하기**

㉠ 종이가 너무 두꺼우면 넘기기 불편하고 운반하기에 무거운 반면, 너무 얇으면 쉽게 구겨지고 찢어지며 심한 경우에는 뒷장이 비쳐지는 수가 있다. $120g/m^2$ 짜리의 모조지나 캔트지류가 적절하다. 종이의 크기는 전지가 적당하며, 묶었을 때 크기가 통일되는 것이 좋다.

㉡ 너무 많은 정보나 내용을 한꺼번에 포함시킨 것이나 복잡한 그림 등은 오히려 혼돈을 초래할 우려가 있으므로 중요한 점만 골라 명확하고 심플하게 묘사하되 한 장에는 단일 주제만을 제시하는 것이 바람직하다.

㉢ 그림은 가능한 한 실제에 가까운 색상으로 묘사하고 경우에 따라서는 약화, 명암 등의 방법을 사용하되 항상 전체적인 통일성을 유지하도록 한다.

㉣ 바탕에는 흐린 색상을, 글자나 그림은 선명한 색상을 사용하여 멀리서도 내용이 뚜렷이 파악될 수 있도록 한다.

㉤ 물감은 퍼지거나 변색되지 않는 재료를 선택해서 사용하는 것이 바람직한데 색상은 일반적으로 6~12가지 정도 사용하는 것이 좋다. 그러나 지도의 경우는 다소 다양해질 수 있다. 선을 그을 때는 G펜이나 매직펜을 사용하고 면을 메울 때에는 포스터컬러나 수채화 물감 등이 좋다.

㉥ 자료는 모든 사람이 동시에 볼 수 있을 정도로 큼직하여야 한다. 표준크기의 강의실(가로 7.2m×세로 9m)에서 칠판과 맨 뒤쪽에 앉은 학습대상자와의 거리를 8m 정도로 생각할 때 괘도에 사용될 제목 글자는 가로, 세로가 7cm 이상, 구체적인 내용을 설명하는 글자는 가로, 세로가 4cm 이상 되어야만 멀리서도 무리 없이 읽을 수가 있다. 자료가 충분히 크지 못하면 슬라이드나 투시물자료로 만들어 확대해서 보여주는 것이 바람직하다.

㉦ 한 장의 괘도 내에서는 글자체를 통일시키는 것이 좋다. 일반적으로는 고딕체가 많이 쓰이나 강조할 내용이나 중요한 사항에서는 글자체를 바꾸어서 써 주거나 색깔을 달리하면 효과적이다. 장식체는 내용을 빨리 파악하기 어려우므로 가급적 피하는 것이 좋다.

〈표 7-2〉 시청각매체의 장점과 단점

	장 점	단 점
화이트보드	간편하다. 학습대상자의 페이스에 맞추기 쉽다. 학습대상자가 간단히 참여할 수 있다. 가감이 간편하다.	지나치게 사용하는 경향이 있다. 기록하는 데 시간이 걸린다. 삭제 후 재현이 곤란하다. 레이아웃이 어렵다.
패널 포스터	작성하기 쉽다. 순서를 쉽게 조정할 수 있다. 운반이 편하다. 용량에 제한이 없다.	크기에 제한이 있다. 내구성에 문제가 있다.
핸드 아웃	작성이 쉽다. 설명 순서를 쉽게 조정할 수 있다. 운반이 간편하다. 용량에 제한이 없다.	학습대상자를 통제하기 어렵다. 표현이 제한된다.
OHP	자작이 쉽다. 표현, 제작이 다양하다. 조작이 간단하다. 대면 조작이 가능하다. 선별제시가 가능하다. 반복투영이 가능하다. 기기의 이동이 손쉽다. 밝은 실내에서 투영할 수 있다.	사각이 생기기 쉽다. 소음이 있다. 발열이 심하다. 램프가 나가기 쉽다.
슬라이드	실물에 가까운 상을 투사할 수 있다. 원격 조정이 가능하다. 영구적이다. PPT 활용이 가능하다.	제작에 시간이 많이 걸린다. 어두운 곳에서만 볼 수 있다. 수정이 곤란하다.
영화	움직이는 대상을 설명하는 데 적합하다. 극적인 효과가 가능하다. 다채로운 표현이 가능하다. 가지고 들어올 수 없는 대상을 표현할 수 있다. 실물에 가깝다.	제작기술 없이 만들기 곤란하다. 전문제작에 시간이 걸린다. 어두운 것에서만 볼 수 있다. 투사와 수정에도 기술과 훈련이 요구된다.
비디오	TV와 영화의 장점을 거의 가지고 있다. 자작이 비교적 간단하다. 그 자리에서 재생이 가능하다. 밝은 실내에서 사용할 수 있다. 슬로 모션 등 특수효과가 가능하다.	영화에 비해 크기에 제한이 있다. 영화보다 해상도가 떨어진다.

ⓞ 맨 위쪽은 묶기 위해서 5~7cm 이상 비워 두는 것이 좋고 하단과 좌우에는 각각 5cm 정도씩 남겨 두어 너무 가장자리까지 정보가 제시되는 일을 피하는 것이 좋다. 또 자주 쓰는 자료는 코팅을 하거나 그림의 뒷면 가장자리를 한지로 굽도리해 주면 좋다. 그러나 코팅을 하면 불필요한 반사를 유도한다는 점을 명심해야 한다.

ⓩ 완성된 낱장들은 표지를 만들어 내용과 주제별로 구분하여 15~30장씩 한꺼번에 묶어 두는 것이 사용하기에 편리하다. 표지에는 대상자, 과목/과정명, 주제 등을 명시하고 일일이 넘겨보지 않아도 내용을 파악할 수 있도록 각 낱장의 제목을 써 주는 것이 바람직하다.

ⓒ 교실의 뒤쪽이나 가장자리에 앉은 학습대상자가 잘 볼 수 있도록 괘도의 위치와 거리를 결정해야 한다. 대개 교실의 정면 앞쪽이나 칠판의 좌측 또는 우측에 두는 것이 좋다. 사용할 괘도는 수업시간 처음부터 미리 펼쳐 두지 말고, 수업시간 중간에 설명이 필요한 때 펼쳐서 사용하는 것이 주의집중이나 흥미유발에 효과가 크다.

ⓚ 주어진 시간에 제시하는 자료의 수를 제한하는 것이 바람직하다. 너무 많은 양의 자료를 보여주면 학습대상자들은 흥미를 잃게 된다. 또 비교하는 경우가 아닐 때에는 한 번에 하나의 자료만 보여주는 것이 효과적이다.

ⓣ 학습대상자들을 쳐다보면서 이야기해야지 자료를 보면서 강의하지 말아야 한다. 이때 자료 앞에 서서 학습대상자의 시야를 가로 막아서도 안 된다.

• 슬라이드 사용하기

㉠ 슬라이드는 많은 대상의 학습대상자를 대상으로 크고 선명한 상을 제공할 수 있어 좋다. 그러나 실내가 어두워야지만 상을 제대로 볼 수 있다. 그러나 실내를 갑자기 어둡게 하여 학습대상자를 불안하게 한다든지, 창으로부터 빛이 새어 들어오게 한다든지, 너무 어두워 교수자가 어디에서 있는지 알 수 없다면 곤란하다.

ⓛ 전체 교육을 통하여 주제를 짜임새 있게 엮어 나가되 중요한 내용은 사려 깊게 강조하고 요약해 나가는 것이 바람직하다. 너무 많은 개념이나 긴 설명은 피하는 것이 좋다. 여러 가지 광범위한 일반적인 이야기보다는 하나의 중심된 개념을 분명히 해주어야 하고 학습대상자들의 주의를 짧은 시간 안에 시각화(visual)시켜야 한다.

ⓒ 시작단계에서 무엇에 관한 슬라이드인가를 학습대상자들에게 알리고 잘 아는 사실로부터 점차 모르는 부분으로 조금씩 소개해 나가는 것이 좋다. 학습대상자들의 호기심을 끄는 도입부(opening)로 시작하되 급작스런 내용 소개는 피하는 것이 좋다. 이때 상징법(symbolism)은 조심스럽게 사용하는 것이 좋다. 특히 이해가 느린 학습대상자들에게는 삼가는 것이 바람직하다.

ⓔ 학습대상자들의 경험이나 관찰과 관련되는 질문을 제시함으로써 학습대상자들의 적극적인 참여를 유도해야겠다. 소개될 내용의 정리나 복습(review)을 위해서는 그래픽을 사용하되, 토의를 유도할 수 있는 질문을 제시하는 것도 좋다.

ⓜ 주제, 대상자, 허용시간에 따라 각 장면의 길이가 결정된다. 한 장면은 대개 5～10초 정도가 알맞으며 10초를 넘게 되면 지루하게 느껴진다. 더구나 한 장면이 30초 이상이 될 때는 주의집중이 전혀 불가능해지지만 내용을 이해할 수 있을 정도의 시간은 허용되어야겠다. 녹음 설명이 동반된 슬라이드의 경우에는 길이에 유의해야 한다. 성인의 경우 15분을 넘지 않는 것이 좋으며 대개 50장면 정도면 충분하다고 보겠다.

ⓗ 제작이 완료된 슬라이드는 순서대로 정리하여 보관하였다가 필요시에 즉시 사용할 수 있어야 한다. 이때 좌우상하가 올바르게 투사되기 위하여 슬라이드를 바로 놓고 보았을 때 마운트의 왼쪽 아래에 펀치(punch)나 연필로 표시(thumb spot)를 해 두고, 트레이에 끼워 넣을 때 오른쪽 위, 즉 엄지손가락으로 쥐는 부분에 펀치로 뚫은 자국이 가게 장전시키면 된다.

ⓢ 대개의 경우 반짝거리고 에멀전 사이드가 아닌(non-emulsion side) 쪽이 학습대상자를 향하게 넣으면 된다. 여분의 카트리지가 많을 경우에는 썸

스팟(thumb spot)의 오른쪽에 장면번호를 기입하고, 썸스팟이 오른쪽 위로 가도록 차례로 장전하고 트레이의 잠금쇠(lock ring)를 죄어서 쏟아지지 않게 한 뒤 그대로 상자에 넣어 보관하면 되겠다.

ⓞ 만일 카트리지 여분이 없으면 아래와 같이 정리하면 좋다.

㉮ 썸스팟의 오른쪽에 장면번호를 기입한다.

㉯ 끝 장면이 제일 앞에 오고 첫 장면이 제일 뒤로 가게 정리한 뒤 고무줄로 묶어 준다.

㉰ 끝 장면 슬라이드의 제일 왼쪽과 첫 장면 슬라이드의 썸스팟을 연결하는 사선을 긋는다. 이때 보유하고 있는 슬라이드의 수가 별로 많지 않으면 썸스팟의 오른쪽에 길게 과목이나 주제에 해당하는 대상 학년을 색깔 있는 사인펜으로 컬러 코딩해 주면 편리하다.

㉱ 현상소에서 담아 준 종이상자에 슬라이드를 순서대로 정리해서 넣는다. 이때 위에 그은 사선이 일직선으로 나타나면 순서가 제대로 정리된 것이다.

㉲ 상자의 표면 뚜껑에 슬라이드 제목, 장면 수, 컬러/흑백, 주제명, 대상 학습대상자, 녹음자료 동반 여부 및 시간을 써 놓으면 사용에 편리하다.

ⓩ 요즈음 직접적인 사진 촬영에 의한 슬라이드의 제작이 아닌 컴퓨터 그래픽용 소프트웨어를 사용하여 만든 슬라이드 프레젠테이션 방법이 널리 보급되고 있다. 시중에는 컴퓨터 그래픽을 위한 소프트웨어가 많이 나와 있지만 그중에서도 Micro Soft사가 개발한 MS Office package 중 Power Point를 이용하면 효과적인 슬라이드 프레젠테이션을 할 수 있다. Power Point에서 제공되는 텍스트 다루기, 개요 만들기, 도형 그리기, 클립아트 이용하기 등의 기능을 활용하면 빠르고 쉽게 전문적인 수준의 프레젠테이션 가능하다.

㉮ 프레젠테이션 : Power Point에서 프레젠테이션이란 슬라이드, 유인물, 설명문, 개요 등을 말한다. 일단 Power Point에서 슬라이드를 만들면 이를 유인물, 설명문, 개요 형식의 형태로도 만들 수 있다.

㉯ 슬라이드 : 슬라이드는 프레젠테이션을 하기 위한 각각의 페이지라고

할 수 있다. 슬라이드에는 발표할 내용의 제목, 텍스트, 그래프, 도형, 클립아트 등이 포함된다. 이렇게 제작된 슬라이드는 액정 비전과 연결하여 바로 스크린에 크게 투사시킬 수도 있고, 일단 디스켓에 저장시킨 뒤 전문 현상소에 맡겨서 35mm 흑백 혹은 컬러 슬라이드로 만들 수 있다.

㉰ 투시물자료 : 프레젠테이션에 사용할 내용의 제목, 텍스트, 그래프, 도형, 클립아트 등을 일단 저장한 뒤 프린터기 전용의 OHP 필름에 출력시키면 양질의 투시물자료를 만들 수 있다. 컬러 효과도 쉽게 낼 수 있어 널리 사용되고 있다.

㉱ 유인물(handout) : 발표를 효과적으로 하기 위해 학습대상자들에게 나누어 줄 유인물을 작성할 수 있다. 유인물은 발표할 슬라이드를 축소하여 1페이지당 2개 내지 3개 또는 6개를 한꺼번에 제시할 수 있다.

㉲ 설명문(speaker's notes) : 프레젠테이션 시 슬라이드가 투사되는 동안 이를 설명하는 내용을 미리 입력하여 출력시킬 수 있다. 즉 각각의 슬라이드 장면에 대한 주석으로 교수자가 발표할 때 말로 보충 설명할 내용을 입력시켜 두었다가 참고할 수 있다.

㉳ 개요(outlines) : 발표할 슬라이드에 담긴 텍스트 정보만을 일목요연하게 보여준다.

㉩ 파워포인트를 이용한 프레젠테이션을 할 때는 실내조명은 켜도 좋으나 스크린 근처는 조금 어둡게 해야 제시되는 상을 선명하게 볼 수 있다. 그러므로 슬라이드 쇼를 계획할 때는 가능한 한 바탕 색상을 짙게 사용해야 상이 선명해진다.

㉪ 보조자가 프레젠테이션을 도와줄 경우는 미리 어떤 자료를 언제 어떻게 사용할 것인지를 알려서 호흡이 맞아야 하겠지만, Power Point를 사용한다면 교수자가 직접 마우스를 조작하여 속도를 조절해 나가는 것이 좋다.

㉫ 교수매체를 사용하는 프레젠테이션에서 무엇보다 중요한 사실은 교수자의 사전 준비라고 할 수 있다. 교수자는 반드시 프레젠테이션 할 장소를

미리 방문하여 사용할 기재나 컴퓨터의 상태와 용량, 깔려 있는 프로그램의 버전, 조명, 음향, 암막시설 등의 물리적인 환경을 확인해 두어 자신감 있는 프레젠테이션을 할 수 있어야 하겠다. 또 슬라이드의 상하나 좌우가 바뀌어 나와서 신뢰감을 떨어뜨리면 안 된다.

• **투시물자료 사용하기**

잘 만들어진 자료도 그 활용방법이 올바르지 못하면 원래의 효과를 발휘하지 못한다. 그러므로 OHP를 사용하여 강의를 할 때는 아래의 사항을 명심하여야 한다.

㉠ 불필요한 자료가 투시되지 않도록 한다. 이미 설명이 끝난 자료가 다음 내용을 이야기하는 동안 계속 투사되면 학습자들의 주의가 그쪽으로 쏠리는 수가 있다. 또 화면으로부터 계속적으로 나오는 반사광선은 학습자들의 눈을 쉬 피로하게 하므로 설명이 끝나면 반드시 OHP를 끄고 필요시에 다시 켜야 한다.

㉡ 너무 많은 자료를 연속적으로 제시하면 교수자가 기계적으로 수업을 진행하게 되므로 바람직하지 못하다. 일반적으로 40~50분 수업에 6~7매의 투시물자료를 제시하는 것이 적당하다.

㉢ OHP 렌즈로부터 화면의 하단부분과 상단부분까지의 거리가 같지 않으면 사다리꼴의 상을 맺는 키스톤 현상(keystone effect)이 생기게 된다. 왜곡되지 않은 직사각형 모양의 상을 얻기 위해서는 스크린의 상단부분을 벽에서 조금 떨어지게 설치해야 한다.

㉣ 교수자가 스크린 앞을 왔다갔다하면서 설명을 하면 학습자들의 시야를 막게 되므로 OHP 앞에 앉아 수업을 진행하는 것이 좋다. 투사될 상의 일부를 가리키거나 읽을 때는 자료제시대 위에 놓인 투시물자료를 보면서 포인터(pointer)로 지적하여야 한다. 이때 자료제시대의 높이는 교수자가 앉아서 글씨를 쓰기에 적당한 높이가 좋다. 성인의 경우 바닥에서 75~82cm 정도가 적당하다. 이와 같이 낮게 설치하면 OHP의 헤드 부분이 학습자의 시야를 가로 막는 일도 없어 좋다.

ⓜ 학습자들이 제시되는 상을 충분히 읽고 또 요약해서 필기할 수 있는 시간적인 여유를 허용하여야 한다. 또 학습자가 제시되는 투시물자료를 완성하게 하거나 교수자가 첨삭함으로써 능동적인 참여를 유도해야 하겠다.

ⓑ 자료제시대 위에 생긴 먼지나 얼룩자국은 화면에 크고 검게 확대되어 나타나서 학습자들의 주의를 산만하게 한다. Windex 등을 이용하여 항상 청결하게 유지해야 한다. 가끔 카메라용 브러시를 사용하여 영사 렌즈의 먼지를 제거하는 것이 좋고 먼지가 많으면 에어클리너로 털어주면 좋다.

ⓢ 교실 전면 중앙에 설치되는 스크린은 칠판을 가리게 되므로 판서와 병행해서 사용하기가 힘들다. 그러므로 OHP용 스크린은 교실 전면의 왼편이나 오른편에 설치되는 것이 바람직하다. 스크린이 정면에 설치되면 학습자들이 보기에는 편하나 칠판과의 병용이 힘들고 교수자가 스크린에 압도당하는 느낌을 받게 된다. 창문 쪽 전면 구석은 복도 쪽보다 스크린 표면이 창을 등질 수가 있어서 더욱 선명한 상을 얻을 수 있을 뿐 아니라, 보다 넓은 관람영역을 허용하므로 많은 학습자가 이상적인 위치에서 학습할 수 있다. 보통 크기의 강의실에서는 적어도 한 변이 1.2m 이상의 스크린을 써야 하며 1.5m 이상이 널리 사용된다.

ⓞ 스크린에 투사된 상의 가로길이의 2배에서 6배 사이에 스크린 중앙을 중심으로 좌우 각 45° 이내의 부채꼴 모양의 위치에 학습자가 앉으면 왜곡되지 않은 상을 볼 수 있다. 이때 OHP의 위치는 스크린으로부터 투사된 상의 가로길이의 1.3배 정도 떨어진 곳이 된다.

제작이 완료된 자료는 마운트의 표면 하단에 제목과 주제, 대상학년과 단원명 등을 기록해 두면 좋다. 투시물자료 전용의 바인더(binder)나 상자 또는 파일 박스에 과목별로 정리해 넣어 두면 편리하다. 오버레이나 마스크를 사용하지 않는 자료는 굳이 마운트를 할 필요가 없다. 시중에서 판매되는 클리어 파일(clear file)을 이용하여 자료를 정리, 보관하면 편리하다. 자료의 보호막 역할을 함은 물론 비닐 주머니에 넣은 체 자료제시대 위에 올려놓고 사용할 수도 있고 주제별로 정리하여 보관하기에도 용이하다.

OHP에는 투명한 아세테이트지나 필름으로 만들어진 교재를 사용하게 되지만 불투명한 자료를 가지고도 훌륭한 학습효과를 유도할 수 있다.

㉠ 플라스틱으로 만들어진 자, 삼각자 및 각도기를 직접 자료제시대 위에 올려놓고 투사하면 학습자들이 거리나 각도에 대한 개념을 쉽게 이해할 수 있다.

㉡ 두꺼운 종이에 별자리 모양을 뚫어 낸 뒤 자료제시대 위에 올려놓으면 밤하늘의 별자리를 관찰할 수 있다. 이때 자료의 뒷면에 푸른색의 셀로판지를 한 겹 대고 OHP의 렌즈 앞에 거울을 설치하면 강의실 천장에 푸른색의 별자리를 비출 수 있어 더욱 실감이 난다.

㉢ 색 셀로판지를 사용하여 색의 합성과 원색, 간색, 재간색의 개념을 시각화시킬 수 있다. 자석을 사용하여 자석에 붙는 물건과 붙지 않는 물건을 식별시켜 줄 수 있으며 자기장에 대한 개념도 시각화시킬 수 있다. 실험액체가 담긴 샤아레나 기울어뜨린 비커를 자료제시대 위에 올려놓아서 전체 학습자가 쉽게 실험의 진척과정을 관찰할 수 있다.

㉣ 두꺼운 종이나 플라스틱으로 만든 여러 가지 크기의 톱니바퀴를 사용하여 여러 크기의 톱니와 그 돌아가는 방향, 회전수에 대한 개념을 가시화시킬 수 있다. 두꺼운 종이로 만든 인형이나 나뭇가지, 풀잎 등으로 꾸민 그림자극은 학습자의 흥미를 유발시킬 수 있다.

• 비디오자료 사용하기

㉠ 교수자는 사용하고자 하는 자료를 반드시 사전에 시사해 두어야 한다. 흔히 다른 사람의 추천이나 평을 읽고 자료를 사용해 보면 교수자가 기대했던 내용이 아닌 경우가 많다. 그러므로 미리 그 내용을 파악하고 자신의 교수목표와 일치하는 자료인지를 확인할 필요가 있다.

㉡ 비디오자료가 최적의 매체일 때 사용하는 것이 이상적이다. 비디오자료는 소리와 화면이 동시에 제공되며 특히 움직임을 제공할 수 있다는 특징을 지닌다. 그러나 다른 매체에 비하여 제작에 요구되는 기술이나 비용이 만만치는 않다. 그러므로 교육/훈련 내용에 움직임이 포함될 때 사용하는 것이 더욱 이상적이다.

ⓒ 반드시 비디오테이프 전체를 한꺼번에 소개할 필요는 없다. 필요한 부분을 골라서 볼 수도 있고 필요에 따라서는 부분의 순서를 조정하거나 편집하여 소개할 수도 있다. 그러나 VTR을 켜면 바로 처음 장면이 나오도록 준비해 두어야 한다.

ⓓ 언제 자료를 사용할 것인지를 신중하게 생각해야 한다. 활용시기의 결정은 교수활동의 전개에 맞추어 하는 것이 좋다. 일반적으로 전반부에서는 원리와 방법의 터득, 문제 사태 소개를 위하여 사용되고, 후반부에서는 수업의 보충, 심화 및 정리를 위하여 사용된다.

ⓔ 자료를 사용하기 전에 사전 지도를 통하여 이미 배운 내용과 관련된 사항에 대해 복습을 하고, 새로 소개할 내용에 대해서 주의를 집중시킨다. 교육 목표 소개와 더불어 중요한 내용은 미리 강조해 두거나 주제에 대해서 질문을 던져둔다. 또 새로 소개될 용어에 대해서는 미리 설명하고, 제시할 자료의 중요한 요점은 칠판에 써 둔다.

ⓕ 시청 시 교수자는 자리를 비우지 말고 함께 프로그램을 같이 보면서 반응을 요구하는 부분에서는 같이 반응해야 한다. 시사 도중이라도 중요한 사항이 소개가 되면 지시봉으로 화면을 지적하거나 칠판에 메모해 준다. 중요한 내용은 요약을 통하여 확인시키고 발문이나 퀴즈를 통하여 피드백을 제공하는 것이 좋다. 토론이나 후속 프로젝트를 제공하여 사후 교육을 유도하는 것도 효과적이다.

ⓖ 모든 학습대상자들이 잘 보고 들을 수 있도록 조명, 좌석 및 음의 크기를 조절하여야 한다. 텔레비전 모니터는 글을 읽을 때보다는 약간 어두운 것이 선명한 상을 볼 수 있으며 모니터의 가로길이의 4배에서 12배 사이에, 모니터 중앙을 중심으로 좌우 각 45°의 부채꼴 모양에 학습대상자가 위치하는 것이 이상적이다. 이때 강의실의 밝기는 신문을 읽을 정도이면 된다.

ⓗ 집단을 위해서는 20인치 이상의 모니터를 사용해야 하는데 모니터 한 대당 인치 수만큼의 학습대상자를 수용하는 것이 적당하다. 즉 학습대상자의 수가 100명일 경우 20인치짜리 모니터를 사용하면 5대, 25인치짜리를 사용하면 4대가 필요하다. 모니터 상에 반사가 생기는 것을 막기 위하여

약간 앞쪽으로 기울어지게 설치하는 것이 좋고 제일 앞쪽에 앉은 학습대상자의 앙각이 30°를 넘지 않아야 한다. 눈높이보다 10° 정도 낮으면 가장 편하게 시청할 수 있다.

• 실물/모형자료 사용하기

㉠ 교육에 실물/모형자료를 사용하면 교수자의 이야기에 신뢰감이 생기게 한다. 그러나 사용이 제대로 이루어지지 못하면 역효과가 나기 쉽다. 조작이 익숙할 수 있도록 충분히 연습해 둔다.

㉡ 모든 학습대상자가 다 볼 수 있게 크기가 충분히 커야 하지만 뜻밖의 고장에도 대비를 해야 한다.

〈표 7-3〉 실물자료의 장점과 단점

장 점	단 점
· 눈앞에서 실연할 수 있다. · 엔터테인먼트의 측면이 있다. · 학습대상자의 정보흡수율이 높다. · 주의를 환기할 수 있다. · 신뢰성이 높다.	· 실물을 가져갈 수 없는 경우가 있다. · 학습대상자가 많으면 적합하지 않다. · 준비에 시간과 노력이 요구된다. · 고장이 나는 수가 있다.

• 원격화상수업 시스템 사용하기

원격화상강의/회의 시스템은 지리적으로 멀리 떨어져 있는 여러 교실을 상호 중계하여 다수의 참여자를 통제할 수 있어야 한다. 이때 발표자와 학습자는 음성, 영상 및 데이터 등의 멀티미디어 정보를 실시간 양방향으로 교환할 수 있어 시간적, 공간적인 제약을 극복할 수 있으며, 교육의 범위를 확장시킬 수 있어 그 효과가 기대되고 있다.

원격교육의 개념을 정리해 보면 학습자와 발표자가 물리적으로 떨어져 있게 되며, 잘 조직된 발표 프로그램을 사용하여야만 효과적이다. 또 공학적인 매체를 많이 사용하게 되며 양방향통신이 가능하다는 특징을 지닌다.

이와 같은 원격화상회의 시스템은 다음과 같은 환경에서 제공될 때 보다 큰 효과를 얻을 수 있다(Arzamsa, 1987; Lachem, 1995; 정인성, 1996).

㉠ 상호작용과 동시적인 청취가 필수적으로 요구될 경우
㉡ 다양한 시각자료의 제시가 필수적으로 요구될 경우
㉢ 역할 분담, 시뮬레이션, 브레인스토밍, 문제해결 활동 등과 같이 모든 청취자들의 자발적인 참여를 유도하는 전략을 사용하고자 할 경우
㉣ 발표 주제에 대한 전문가가 없는 원격지의 청취자들을 교육시키고자 할 경우
㉤ 정보에 접근하는 데 제한이 있거나 고가의 비용이 드는 기술을 발표/교육시키고자 할 경우
㉥ 광범위한 지역에서 표준화된 발표를 실시하고자 할 경우
㉦ 집합훈련이 어려운 성인대상의 발표를 하고자 할 경우
㉧ 발표회, 토론회 등 학문적 행사를 참관하려 할 경우
㉨ 비싼 여행경비를 들이지 않고 중요한 강의/회의에 참여하고자 할 경우
㉩ 인터넷, LAN과 같은 첨단 테크놀로지를 시스템과 연결하여 국제간의 정보교류를 통해 멀티미디어 등 다양한 형태의 DB자료를 활용하려 할 때

이상과 같이 원격화상회의는 면대면 강의가 불가능한 두 개 이상의 지역 간에서만 가능한 발표자와 학습자 간의 상호작용을 가능하게 하여 다양한 상황에서 활용할 수가 있다. 구체적으로 원격화상수업은 여러 가지 장점을 지니고 있다(김서영, 1997; 정인성, 1996; Heinich et al, 1996; Latchem, 1995).

3) 유아를 위한 ICT 활용지침

유아들을 대상으로 안전/예절 교육을 시키는 것도 중요하지만 공식적으로 이용지침을 설정하여 유아들의 서약이나 약속을 받는 것도 좋은 방법이다. 인터넷 검색이 가능한 시설을 갖춘 유아교육기관이나 가정에서는 ICT 활용지침(Acceptable Use Policy : AUP)을 제정할 필요가 있다.

ICT 활용지침이란 학생들이 적절한 인터넷 사용을 위해서 학생, 학부모 및 교사가 합의한 명문화된 방침으로 인터넷 자원의 적절한 이용 범위, 인터넷상의 행동 규칙, 접근 권리 및 방침을 따르지 않았을 경우의 벌칙 등이 포함된다.

학교에서 인터넷 접속을 하기 위해서는 누구나 ICT 활용지침을 따를 것을 서약해야 한다(Serim & Kock, 1996). 이는 유아의 경우에도 예외가 될 수 없다.

현재 미국의 각급 학교나 유치원, 교육청에는 각 기관의 특성을 배려한 독자적인 ICT 활용지침을 가지고 있는데 이는 법적으로 강제성을 띠기보다는 이용자의 양심에 맞기는(honor system) 수준이다.

우리나라의 경우, ICT 활용을 위한 지원은 많이 하고 있으나, 활용지침이 분명하지 않은 편이다. Carter(1998)의 주장처럼, ICT 활용지침은 유아들에게 ICT 활용에 관한 규범을 제시할 뿐 아니라 ICT 활용에 대한 책임감을 부여할 수 있다. 또 가치 있고 건전한 자원을 검색하기를 격려하며, 책임 있는 행동의 기준을 설정함으로써 ICT 활용상에서 마주칠 수 있는 수많은 문제점을 스스로 처리하는 방법과 능력을 길러 준다.

일반적으로 ICT 활용지침은 활용지침의 정의와 목표, 이용자의 권리 및 책임, 위반 시의 벌칙, 학부모의 동의 등 4가지 요소를 포함한다. ICT 활용지침의 첫 부분에는 지침의 정의와 목표가 제시되며, 이어서 ICT 활용지침의 필요성과 취지, 인터넷 자원을 효과적으로 사용하기 위해서 알아두어야 할 기술들이 소개된다. 권리 및 책임에 관련된 내용에서는 준수해야 할 인터넷상의 행동, 언어 사용, 내용, 보안 등에 대한 기준을 제시하고, 그에 대한 권리와 책임을 부여한다.

인터넷상에서 해야 할 행동과 하지 말아야 할 행동의 리스트를 제공하는 경우도 많다. 약속을 어길 시에는 인터넷 이용 금지, 관련과목에서의 감점 처리 등이 주어지게 된다. 마지막으로 학생과 학부모의 동의를 구하는 서명난이 제시된다. 실제로 현재 웹상에는 많은 학교나 유아교육기관을 위한 인터넷 이용지침이 소개되고 있으며, 그중 몇 가지 구체적인 예를 들면 다음과 같은 것들이 있다.

- UKERNA JANET의 Acceptable Use Policy
  (http://www.ja.net/services/publications/policy/aup.html)
- University of Missouri Acceptable Use Policy
  (http://iatservices.missouri.edu/aup/)

- Boston의 공립학교들의 Acceptable Use Policy
  (http://boston.k12.ma.us/teach/technology/aup.asp)
- Los Angeles 통합 학군의 Acceptable Use Policy
  (http://www.lausd.k12.ca.us/lausd/lausdnet/aup.html.old/)
- Berkeley Lake 초등학교의 Acceptable Use Policy
  (http://www.gwinnett.k12.ga.us/BerkeleyLakeES/PDF/AUP_web.PDF)

이렇듯 ICT 활용지침은 ICT 활용상의 불건전한 사용을 경고하고, 올바른 사용을 유도함으로써 인터넷을 사용하는 유아교육기관이라면 꼭 있어야 할 교칙과도 같은 존재이다. ICT 활용지침이 우리나라 상황에 정착하기 위해서는 서명을 통한 양심제도보다는 교사와 학부모 간의 합의하에 만들어진 ICT 활용지침을 바탕으로 한 가정통신문 등을 통한 긴밀한 의사소통 체제 개발이 무엇보다도 필요하다.

APPENDIX

부 록

〈부록 1〉 보육실습일지 예시

보 육 실 습 일 지

**** 과

실 습 생	학 과		학 년	
	성 명		학 번	
실 습 기 관	기 관 명	어린이집		
	주 소			
	지도교사			
실 습 기 간	20 년 월 일 부터 20 년 월 일 부터	(주간)		

** 대 학

〈부록 2〉 보육실습생의 준수사항 예시

보육실습생의 준수사항

1. 실습생은 실습 어린이집 규정에 따라 생활한다.

2. 실습생은 언행, 태도, 복장 등 모범이 될 수 있도록 한다.

3. 실습생은 정시에 출근하고 출근부에 날인한다.

4. 실습생은 결근, 조퇴를 금하며 부득이한 경우 실습 어린이집 측의 허락을 받는다.

5. 실습생은 근무시간 중 외출을 금한다.

6. 실습생은 영유아 또는 학부모와 원 외에서 사사로이 만나서는 안 된다.

7. 실습생은 실습기간 중 실습에만 전념하도록 한다.

8. 실습생은 단독으로 영유아를 처벌하거나 상을 줄 수 없다.

9. 실습생은 어린이집의 정상적인 교육활동을 방해해서는 안 된다.

10. 실습생은 실습일지를 그날그날 기록하며 지도교사에게 제출 후 되돌려 받는다.

11. 실습 어린이집의 교육목적과 교육방침을 이해하고 적극적으로 참여 협력하여야 한다.

12. 실습이 끝나면 차관실습일지, 출근부 등을 지체 없이 학과사무실에 제출한다.

13. 실습생은 어린이집 발전과 영유아교육에 헌신해야 한다.

14. 실습생은 실습에 최선을 다하고 교사로서의 품위를 손상함이 없어야 한다.

15. 모든 서류는 기일 엄수하여 제출하여야 한다.

〈부록 3〉 보육실습생 출근부 예시

보육실습생 출근부

보육시설 기관명 :

보육실습생 성명 : 학 번 :

실 습 기 간 : 20** 년 * 월 * 일 ~ 20** 년 * 월 * 일

	월	화	수	목	금	토
1주	월 일	월 일	월 일	월 일	월 일	월 일
2주	월 일	월 일	월 일	월 일	월 일	월 일
3주	월 일	월 일	월 일	월 일	월 일	월 일
4주	월 일	월 일	월 일	월 일	월 일	월 일

비고		지도교사	원감	원장
	◎ 총 실습일수 : ◎ 출 근 일 수 : ◎ 결 근 일 수 : ◎ 조 퇴 횟 수 : ◎ 지 각 횟 수 :			

위 사실을 증명함.

년 월 일

어린이집(유치원) 원장

(직인)

〈부록 4〉 보육실습기관현황 예시

보육실습기관현황

▶보육시설기관명:

▶원 훈:

▶원장의 운 영 관:

▶학급 편성 및 보육형태:

학 급 명	연 령	보육 아동수	교 사 수	비 고
계				

▶보육시설 위치도:

〈부록 5〉 보육시설의 환경현황 예시

보육시설의 환경현황

※실외 환경 구성도

※실내 환경 구성도

〈부록 6〉 연간교육계획안 예시

연간교육계획안

	단 원		주 제	행 사
3월		1주		
		2주		
		3주		
		4주		
4월		1주		
		2주		
		3주		
		4주		
5월		1주		
		2주		
		3주		
		4주		
6월		1주		
		2주		
		3주		
		4주		
7월		1주		
		2주		
		3주		
		4주		
8월		1주		
		2주		
		3주		
		4주		

〈부록 7〉 월간교육계획안 예시

월간교육계획안

실습생	지도교사	보육시설장

_____ 월

단 원 명		
목 표 (단원 설정이유)		
	단 원	소 단 원 (주 제)
1 주		
2 주		
3 주		
4 주		
비 고		

〈부록 8〉 주간교육계획안 예시

주간교육계획안

실습생	지도교사	보육시설장

_____ 주 (월 일 ~ 월 일)

주 제	
목 표	
요 일	내 용
월 (일)	
화 (일)	
수 (일)	
목 (일)	
금 (일)	
토 (일)	
비 고	

〈부록 9〉 식단표 예시

식 단 표

		월	화	수	목	금	토
1주		월 일	월 일	월 일	월 일	월 일	월 일
	중식						
	간식						
2주		월 일	월 일	월 일	월 일	월 일	월 일
	중식						
	간식						
3주		월 일	월 일	월 일	월 일	월 일	월 일
	중식						
	간식						
4주		월 일	월 일	월 일	월 일	월 일	월 일
	중식						
	간식						

〈부록 10〉 일일보육활동 예시

일 일 보 육 활 동

〈부록 11〉 단위 보육활동계획안 예시

단위 보육활동계획안

<table>
<tr><td rowspan="2">제출일</td><td rowspan="2">월 일 요일</td><td rowspan="2">결 재</td><td>보육실습생</td><td>보육실습
지도교사</td><td>보육시설장</td></tr>
<tr><td>㊞</td><td>㊞</td><td>㊞</td></tr>
<tr><td>보육실습 학급</td><td></td><td>보육실습 일시</td><td colspan="3"></td></tr>
<tr><td>보육실습생</td><td></td><td>보육실습 지도교사</td><td colspan="3"></td></tr>
<tr><td>주 제</td><td></td><td>소주제</td><td colspan="3"></td></tr>
<tr><td>활동일시</td><td></td><td>활동시간</td><td colspan="3"></td></tr>
<tr><td>활동명</td><td></td><td>흥미영역/활동유형</td><td colspan="3"></td></tr>
<tr><td>활동목표</td><td colspan="5"></td></tr>
<tr><td colspan="4">활동방법</td><td colspan="2">활동자료</td></tr>
<tr><td>도 입</td><td colspan="3"></td><td colspan="2" rowspan="3"></td></tr>
<tr><td>전 개</td><td colspan="3"></td></tr>
<tr><td>마무리</td><td colspan="3"></td></tr>
<tr><td>확장활동</td><td colspan="5"></td></tr>
<tr><td>유의사항</td><td colspan="5"></td></tr>
</table>

〈부록 12〉 반나절 보육활동계획안 예시

반나절 보육활동계획안

<table>
<tr><td rowspan="2">제출일</td><td rowspan="2">월 일 요일</td><td rowspan="2">결재</td><td>보육실습생</td><td>보육실습
지도교사</td><td>보육시설장</td></tr>
<tr><td>㊞</td><td>㊞</td><td>㊞</td></tr>
<tr><td>보육실습 학급</td><td></td><td>보육실습 일시</td><td colspan="3"></td></tr>
<tr><td>보육실습생</td><td></td><td>보육실습 지도교사</td><td colspan="3"></td></tr>
<tr><td>주 제</td><td></td><td>소주제</td><td colspan="3"></td></tr>
<tr><td>활동일시</td><td></td><td>활동시간</td><td colspan="3"></td></tr>
<tr><td>활동목표</td><td colspan="5"></td></tr>
<tr><td>일일목표</td><td colspan="5"></td></tr>
<tr><td colspan="4">활동방법</td><td colspan="2">활동자료</td></tr>
<tr><td>등원지도
(8:30～09:00)</td><td colspan="3"></td><td colspan="2"></td></tr>
<tr><td>실내
자유선택
활동
(9:00～10:15)</td><td colspan="3"></td><td colspan="2"></td></tr>
<tr><td>정리정돈
(10:15～10:30)</td><td colspan="3"></td><td colspan="2"></td></tr>
<tr><td>오전 간식
(10:30～10:50)</td><td colspan="3"></td><td colspan="2"></td></tr>
<tr><td>실외
자유선택
활동·게임
(10:50～11:50)</td><td colspan="3"></td><td colspan="2"></td></tr>
<tr><td>유의사항</td><td colspan="5"></td></tr>
</table>

〈부록 13〉 일일 보육활동계획안 예시

일일 보육활동계획안

실습생	지도교사	원 장 (시설장)

학급명		활동일시		시간	
생활주제			소주제		
활동유형					
일일목표					

활동명 및 내용		활동자료
등원지도		
실내 자유선택활동		
(일과에 맞게 학급별로 기술)		
유의사항		

〈부록 14〉 연구수업용 보육활동계획안 예시

연구수업용 보육활동 계획안

〈실 시 일 자〉	실습생	지도교사	원감	원장
200 년 월 일 요일 날씨				

보육활동 계획			
활동명			
대상연령	세	예상 소요시간	
활동자료			
목 표			
교육과정 관련영역			

시간 및 활 동 명	활 동 내 용	자료 및 유의점

〈부록 15〉 보육실습평가서 예시

보육실습 평가서

1. 실습기관명:

2. 실습기간: 200 년 월 일~200 년 월 일 (주간)

3. 실습생 성명: **대학 **과 이름_________ 학번________

4. 실습지도교사

직 명	성 명	담 당	내 용	비 고

5. 실습내용

제 1주	제 2주	제 3주	제 4주

6. 실습평가

근무태도 (10%)	자질 (15%)	학습지도 능 력 (50%)	연구조사 활 동 (15%)	학급경영 및 사무처리능력 (10%)	총 평 (100%)	비 고

위 사실을 증명함.

년 월 일

어린이집 원장 (직인)

〈부록 16〉 교재교구계획안 예시

교재교구계획안

교 구 명			
주 제		관련영역	
대상연령		수 준	
목 표			
재 료			
교 구 제 작 방 법			
활 동 방 법			
유 의 점			

〈부록 17〉 실습 후의 전반적인 소감 예시

실습 후의 전반적인 소감

〈부록 18〉 보육실습생 자기평가표 예시

보육실습생 자기평가표

평 가 항 목	1	2	3	4	5
1. 보육목표에 맞는 보육내용을 영유아 홍미와 수준에 맞게 선정했는지?					
2. 영유아 홍미와 능력, 사건경험을 관찰하여 지도계획이 수립되었는지?					
3. 보육활동계획안이 적절하게 계획 실행되었는지?					
4. 보육활동계획안에 따라 자료준비가 충실하게 되었는지?					
5. 영유아 행동을 민감하게 파악하고 상호작용에 최선을 다했는지?					
6. 다양한 홍미영역에 참여하여 놀이가 지속되고 확장되도록 촉진하였는지?					
7. 왕성한 학습의욕을 일으키도록 동기유발이 잘 되었는지?					
8. 다양한 교수법을 활용하여 교육효과를 올릴 수 있었는지?					
9. 부정적 정서나 갈등상황을 파악하여 긍정적으로 해결되도록 하였는지?					
10. 영유아 개별적 특성, 개인차를 고려한 지도를 하였는지?					
11. 아동 존중 언어를 사용하며 발음이 분명하고 고저나 빠르기가 적당하여 아동의 주의를 이끌고 갈 수 있었는지?					
12. 실습일지, 활동계획, 관찰, 평가를 성실히 기록하였는지?					
13. 아동들의 안전과 위생에 신경을 썼는지?					
14. 아동들의 활동참여, 놀이유형, 또래관계 등을 관찰하여 그 결과를 지도에 활용했는지?					
15. 교실의 통풍, 채광, 청소 등 위생적인 환경구성을 배려했는지?					
16. 실습기관의 지도방침에 적극 협력했는지?					
17. 지도교사와의 관계를 원만히 유지하며 성실하였는지?					
18. 영유아 수준과 홍미에 적합하도록 다양한 문헌정보를 연구하였는지?					
19. 실습 동료들과 잘 협력하도록 노력하였는지?					
20. 아동들과 친밀해지고 신뢰받게 되고 나아가 존경받게 되었는지?					

※ 이는 자기반성을 위한 평가이기 때문에 자기행동을 가능한 한 객관적으로 평가할 것. 이 평가표는 장래 교사생활의 반성자료로 활용해 주기 바람.

평가요령 : 5 → 대단히 좋다. 4 → 좋다. 3 → 보통이다. 2 → 나쁘다. 1 → 아주 나쁘다.

〈부록 19〉 실습생 평가서 예시

실습생 평가서

실습생 이름 : 　　　　실습기간 : 　　년 　월 　일 ~ 　월 　일

평가영역	평 가 관 점	소계/배점
근 무 태 도	1. 출근해야 하는 날 (20)일 2. 결근 ( )일 3. 지각, 조퇴, 외출 ( )일 · 결근 1회 2점 감점 · 지각, 조퇴, 외출 1회에 각 1점 감점	( )/10점
자 질	1. 직무에 대한 책임감과 열의 (5점) ① 직무에 대한 책임감이 강하며, 매사에 성실하게 임하고 있는가? ② 교사, 동료, 아동으로부터 신망을 받고 있는가? ③ 보육교사에 흥미를 느끼고 열성적으로 임하는가? 2. 용모, 언행 및 교양 (5점) ① 용모 및 언행이 단정한가? ② 일반교양 및 전문지식이 풍부하며, 교사로서의 품위를 갖추고 있는가? 3. 보육에 대한 신념 (5점) ① 바람직한 아동관과 교직관이 세워져 있는가? ② 교직을 천직으로 여기려고 하는가?	( )/15점
보육활동 지도능력	1. 보육활동 준비 및 계획 (20점) ① 교재 연구는 잘 되어 있는가? ② 교구는 잘 준비되어 있는가? ③ 보육활동계획안은 각 내용이 적절하고, 충실하며, 조리 있게 기술되어 있는가? 2. 보육활동 지도 기술면 (20점) ① 보육활동을 자신 있게 진행하는가? ② 아동의 상태를 잘 파악하고, 아동과의 협력적인 활동을 전개하고 있는가? ③ 사용하는 용어와 설명요령이 적절한가? 3. 보육활동 평가면 (10점) ① 아동의 활동에 대한 평가는 적절한가? ② 현장보육실습에 관한 제반사항을 면밀히 기록하며 반성적인 검토를 하고 있는가?	( )/50점

평가영역	평 가 관 점	소계/배점
연구조사 활 동	1. 연구태도 (5점) ① 교직에 대한 제반사항을 자진하여 알려고 노력하는가? ② 현장보육실습에 관한 제반사항을 면밀히 기록하며 반성적인 검토를 하고 있는가? 2. 연구능력 (5점) ① 제반업무에 창의성을 발휘하고 있는가? ② 제반사항을 면밀히 관찰하고 검토하고 있는가? 3. 보육이론의 적용 (5점) ① 보육이론에 대하여 기초가 튼튼한가? ② 보육이론을 적용하려고 노력하며, 보육학에 대하여 이론적인 검토를 하고 있는가?	(　　)/15점
학급경영 및 사무처리 능 력	1. 환경구성능력 (4점) ① 학급환경구성을 창의적으로 하고 있는가? ② 학급경영안의 작성요령 및 경영방침 등을 잘 습득하였는가? 2. 아동의 관리 및 지도력 (3점) ① 아동의 개성을 잘 파악하여 개성에 알맞은 지도를 행하는가? ② 학급의 아동을 잘 지도하여 바람직한 분위기를 조성하고 있는가? 3. 시설 및 학급사무처리 능력 (3점) ① 제반 지시사항을 기한 내에 수행하는가? ② 지도교사 및 기타 교직원에게 협조적인가?	(　　)/10점
총 평		총점 (　　)/100점

위 사실을 증명한다.

년　　월　　일

장　　　(직인)

참고문헌

교육인적자원부 · 한국교육학술정보원(2005), 2005 교육정보화백서, 교육인적자원부.

김경철(2002), 유아와 컴퓨터, 서울 : 교육과학사.

김경철 · 유구종(1994), 유아 컴퓨터교육 활성화를 위한 기초조사 연구, 유아교육연구, 14(1), 239-266.

김선영(2001), 유아 컴퓨터교육을 위한 교사들의 컴퓨터 활동 및 인터넷 정보활용에 관한 조사 연구, 신라대학교 석사학위논문.

김수영(2001), 가정에서의 유아 컴퓨터게임 이용에 대한 현황 연구, 이화여자대학교 교육대학원 석사학위 청구논문.

김종미(2005), 교사의 ICT 활용 현황 및 유아교육관련 웹사이트의 교육과정충실도 조사, 수명여자대학교 석사학위논문.

문혁준 · 백혜리 · 김정희 · 김민희(2008), 보육실습, 서울 : 창지사.

박낭자 외 8인(2006), 보육실습의 이해, 서울 : 창지사.

백영균 & 이광희(1994, 10), 교육용 컴퓨터게임의 평가도구 개발 연구, 취암장학재단연구비지원, 교육학 연구, Vol. 32, No. 5, pp. 91-108.

심숙영(2003), 유아발달에 적합한 ICT 활용, 양서원.

유구종(2001), 유아를 위한 컴퓨터교육. 서울 : 양서원.

이선경 & 이은정(2008), 보육실습, 서울 : 창지사.

이숙재(2004), 유아를 위한 놀이의 이론과 실제, 서울 : 창지사.

이화여자대학교 교육과학연구소 아동교육연구부편(2006), 영아를 위한 프로그램의 이론과 실제, 서울 : 창지사.

이광희(2006), 유아교육과 정보화 환경, 남두도서.

이광희(2006), ICT를 활용한 교수-학습, 남두도서.

이화여자대학교 교육공학과저(1996), 교육방법 및 교육공학, 서울 : 교육과학사.

이경우(2002), 유아교육과 멀티미디어, 창지사.

이경우 · 김명순 · 류지후 · 박정선 · 이현옥 · 조부경 · 홍혜경 · 황보영란(1998), 유아를 위한 멀티미디어 교육의 이론과 실제, 서울 : 창지사.

이현주(2002), 유아 컴퓨터 활동 현황 및 교사와 어머니의 인식, 이화여자대학교 교육대학원 석사학위 청구논문.

이화여자대학교(2004), 21세기 교육방법 및 교육공학, 서울 : 교육과학사.

전찬규(2001), ICT 활용 교육의 유형분석 및 적용에 관한 연구 : 내연 기관 단원을 중심으로, 건국대학교 교육대학원 석사학위 청구논문.

정미라 · 김지영 · 김희진 · 문혁준 · 박선희 · 박정선 · 이경우 · 이춘자 · 이현옥 · 조경자(2002), 어린이와 멀티미디어, 서울 : 이화여자대학교 출판부.

주영주 · 곽은순(2004), 유치원 활동과 컴퓨터, 양서원.

주영주 · 이광희(2002), ICT를 활용한 사이버 교육환경 구축방안, 제5회 동계스쿨넷2002.

주영주 · 이광희 · 하영자, 건전한 유아 ICT 활용환경 구축 정책, 교육정보화정책연구, 한국교육학술정보원, 2006.

하영수 · 이자형 외(2009), 아동건강간호학, 서울 : 신광출판사.

학술발표논문집, 92-101, 한국스쿨넷 운영위원회.

최태식 · 최태훈 · 박주희(2002), 유아컴퓨터교육의 이론과 실제, 서울 : 양서원.

Bredekamp와 Rosegrant(1994), Learning and teaching with technology, In Wrignt, J.

Davidson, J. L.(1989), Children and computers together in the early childhood classroom. NY : Delmar.

Haugland, S.(2000), What role should technology play in young Children's learning, Journal of Computing in Childhood Education, 3(1), 15-30.

Haugland, S. & Wright, J.(1997), Young Children and Technology, Allynand Bacon.

McLester, S.(1996), Revisiting edutainment, Technology & Learning, 16(8), 43-54.

Papert, S.(1993), The children's machine : Rethinking school in the age of the computer, New York : Basic Books.

Savenye, W., Haas, N., & Pollock, J.(1986), Effects of a school district microcomputer infusion on teacher attitudes toward computers.

저자약력

■ 이 광 희

- -이화여자대학교 일반대학원 교육공학 M.A.
- -뉴욕주립대학교 교육학 및 교육공학 Ph.D.
- -뉴욕주립대학교 Post-Doc.
- -현) 수원과학대학교 아동보육과 교수
- -주요저서
  - 실기교육방법론, 남두도서, 2001
  - ICT를 활용한 교수-학습, 남두도서, 2003
  - 유아교육과 정보화 환경, 남두도서, 2006
  - 교육학개론, 남두도서, 2007
  - "유아 ICT 활용환경에서 교사가 인식하는 중요도-실행도 간의 관계에 관한 연구"(주영주, 이광희,), 이화여자대학교 사범대학 교과교육연구소, 2008 외 다수

보육실습과 영유아 교육공학

1판 1쇄 발행 2011년 10월 20일

저 자 이 광 희
발행인 남 승 우

발행처 남두도서

서울시 동작구 사당로9가길 6(사당동 220-43)
TEL : (02)595-1692~4
FAX : (02)595-1394
E-mail : namdoo6@unitel.co.kr
신고 : 5-76호 (1998. 11. 4)

정가 20,000 원

ISBN 978-89-5780-137-6 93370

※ 이 책의 저작권은 저자에게 있으며, 저자의 동의 없이 복사·인용·복제·전재를 금합니다.

〈디자인〉 편집 이선경 / 표지 나아기획